人間 信仰 科学

村上和雄著

DOYUSHA BUNKO

道 友 社

本書は、昭和六十一年（一九八六年）に
刊行された単行本を文庫化したものです。

序文

このたび、筑波大学応用生物化学系の村上和雄博士の『人間 信仰 科学』が出版されることになり、何とも嬉《うれ》しい限りである。私が、著者の村上博士に初めて出会ったのは、本書でも書かれている通り、著者がまだ京都大学の学生の頃《ころ》であった。

著者は、京都大学農学部農芸化学科を昭和三十三年に卒業し、米国オレゴン医科大学、京都大学、米国バンダービルト大学で研究し、昭和五十一年、筑波大学に助教授として赴任。ただちに教授になられ、基礎医学に関する酵素や遺伝子の研究に従事されている、極めて熱心な科学者である。しかし、同時に嬉しいことは、科学の偏狭さに囚《とら》われず、より高い視野から科学研究を志して、今日に来られた方であるということである。科学を志しながら、さらにそれを超越した眼で大自然を眺め、自然の不思議に頭を下げておられる、珍しいタイプの一人である。

これは、実に重大なことだと思う。最後の真理とは、究めても究めてもなかなかに到達し得ない、限りなく深く、広く、高い、不思議に満たされたもののようである。真理ということは、俗に言うほど簡単なものではなく、科学の独占物ではなく、また、いわゆる宗教の独占物でもない。一つの面に囚われることなく、あらゆる面からの命がけの眼と心の協力があってこそ、初めて近づき得るものではなかろうか。

そういう点で、村上博士の長年にわたる研究と信仰に基づいて執筆された本書は、読めば読むほど味がある。

生物についての本格的研究は、一八三八年から三九年にかけてのシュライデン、シュワン両氏に始まると言ってもよかろうが、両氏は、生物は、動物であれ、植物であれ、細胞と呼ばれる小さな基本単位からできているという細胞学説を提唱し、さらに、一八五九年には、チャールズ・ダーウィンが、『種の起源』を出して、生物の進化の法則を提唱した。この二つの説により、当時は、人類を含めた生物の不思議もやがて解明されるような錯覚を得た。だが、ただ一つの細胞の不思議議も、究めれば究めるほど深く、決して簡単ではない。本書に書かれた高血圧の発病に深く関係する酵素・ホルモン系の研究や、遺伝子の研究一つをとってみても分かるように、生命の仕組みは、まったく驚くほどの不思議に満たされているのである。

「生きる」などと言うが、自分の工夫だけで生きている人は、地上に一人もいないのである。呼吸にしても、消化にしても、また、血液循環などにしても、われわれが工夫して働かせているのではなく、ホルモン系・自律神経系などが、知らぬ間に、自動的に活躍して自動的に働いているのである。

天理教の教祖中山みき様は、人間の体が親神様からの借りものであると教え、「人間身の内は、かしもの・かりもの」と述べておられるが、これほど簡単で、これほど深い偉大な言葉があるであろうか。

そもそも、地上における命は、今から三十数億年前に発生したと言われるが、その後、単細胞の生物から、長い進化の末、複雑きわまる人間にまで発達してきた。命が自然から発生したことは間違いなく、すべての命は、大自然から見ればその貸しものであり、人間から見れば借りものである。私にはこの大自然は、神仏とほぼ同じように思われる。

更にもう一つ驚くことは、「陽気ぐらし」という教祖のお言葉である。これほどわかりやすくて、これほど偉大な言葉があろうか。人類は今や、相当に高い文化時代にはいったが、しかし、残念ながら多くのものがノイローゼ的になっているような淋しい文化で、人類にとって最も望ましいことは、ストレスのない心のやすらぎのある文化である。

私は今年、満八十五歳となったが、いよいよこの世が面白く、有難く、拝まずにはいられない。今、私が最も有難いことが三つある。第一は人間に生まれてきたということ、第二に人間として無限の可能性を与えられているということ、第三は今日も元気でいるということである。こんなことは、普通の人々には、あまりにも平凡で、「なんだ、そんなことか」と言われるだろう。だが、この三つのことは、最高の科学をもってしても、また深い信仰をもってしても、とても簡単に割り切れるようなそんな簡単なことではない。

第一の、人間として生まれるということについては、その後ろに、三十数億年の進化してやまない、不思議な生命の流れがあるのである。

第二の、無限の可能性にしても、人間には、他の動物とは比較し得ない素晴らしい脳が与えられ、その上方にある大脳表面には、生まれながらにしておよそ百四十億の神経細胞が与えられているのであり、世間では、簡単に頭の優劣などを言うが、それは先天的に決められているのではなく、生後この百四十億の神経細胞をいかように使用するか否か、すなわち、いかに努力するか否かによって決まるのである。この百四十億の神経細胞を全部完全に使用したという人は、今までの研究によれば、天才を含めてもまだ一人もないということである。

第三の、今日も健康で生きていられるということにしても、ただ一つの命の健康ではなく、約五十兆もの顕微鏡的生命たる細胞が、秩序正しく協調しながら働いてくれるお蔭なのである。わずか五十億に満たない人口の地球上では、絶えず混乱があるのに、その一万倍もの命のわれわれの体が今日も健康であることは、何たる不思議であろう。

陽気ぐらしこそは、この地上での最高の生き方であり、これほど不思議な真理を一口で言った言葉はほかにあるまい。

村上博士も、大局においては、私と同じ心の流れを持っておられるようである。自信をもって私はこの書をお勧めする。

昭和六十一年一月

京都大学元総長　平澤　興

わが研究人生を振り返り

初の著作『人間　信仰　科学』文庫化に寄せて

一般にはあまり知られていないが、科学には二面性がある。一面は、教科書や論文に表される客観的で論理的な側面である。これは「昼の科学」という。もう一つの側面は「夜の科学」と呼ばれ、知性よりも感性、直感、インスピレーション、情熱を重要視する。昼の科学では成果や結果が大切だが、夜の科学ではプロセスが大事である。

プロセスには偶然の出来事や不思議な出会いも含まれる。科学者は常に知性に基づいて研究を進めるが、時には研究が思うように進まず悪戦苦闘する。ところが、図らずも〝偶然の幸運〟に恵まれ、滞っていた研究が一気にブレークスルーすることがある。私の研究人生においても、その節目節目には、思いがけない幸運が大きく道を開いてくれたことを実感している。

高血圧マウスと低血圧マウスの創作

一九七六年、開学直後の筑波大学にアメリカから直接赴任した。七年ぶりの日本であったが、当時の筑波大学は建物も設備も不十分であり、生活環境も不便であったが、日本にない新しい大学を創《つく》るという熱気があった。

そんな雰囲気に刺激され、少しずつ新しい研究を始めた。当時の私の研究テーマは、高血圧の発症に重要な役割を演ずるレニン（酵素）・アンジオテンシン（ホルモン）系の生化学的研究であった。このレニン・アンジオテンシン系の引き金を引く〝高血圧の黒幕〟と目されていたレニンを、生体から純化する研究に取りかかった。

しかし、この研究は難渋を極めた。生体におけるレニンの含量が非常に少ないからである。たとえば、牛の脳下垂体三万五千頭から悪戦苦闘の末に抽出したレニンの量は、わずかに〇・五ミリグラムしかなかった。

頭を抱えていた私たちのもとに、ある日、凄《すご》いニュースが飛び込んできた。ヒトのホルモンや酵素を大腸菌から作製する遺伝子工学の登場である。早速、この新技術を研究に導入した。

一九八三年、ヒト・レニンの遺伝子を単離し、その塩基配列の決定に成功した。そしてついに、ヒト・レニンのアミノ酸配列を突きとめたのである。

ここまでが、私にとって記念すべき初の著作『人間　信仰　科学』が道友社から出版された、一九八六年以前の出来事である。これ以後は、レニンの分子としての研究成果を土台にして、レニン・アンジオテンシン系の研究を、細胞・個体レベルの研究へと発展させていった。

そのために、発生工学という新しい実験手法を取り入れた。そして、ヒトのレニン・アンジオテンシン系を導入した〝遺伝子導入マウス〟を誕生させた。このマウスが高血圧を呈したので「つくば高血圧マウス」と命名した。次に、レニン・アンジオテンシン系の遺伝子を欠損させたマウスを作成した。このマウスが低血圧を呈したので「つくば低血圧マウス」と命名した。

これらの実験結果から、レニン・アンジオテンシン系が、高血圧の発症に遺伝子レベルで重要な役割を果たしていることが明らかになったのである。

一九九九年、私は筑波大学を定年退官した。そして全く新しいプロジェクトに関わることになった。その一つが、イネの全遺伝子暗号解読という国家プロジェクトである。

きっかけは、アメリカがイネの全遺伝子暗号の解読に乗り出すという一片の新聞記事だった。私は少なからずショックを受けた。

日本人が長く稲作を営んできたことは、日本人ならではの生き方や考え方に大きな影響を及ぼしている。稲作は日本文化の基層の一つといっても過言ではない。イネの全遺伝子暗号の解読は、ぜひとも日本人の手で成し遂げなければならない。しかもコメは、地球上で三十億人が食べている世界の主食である。この研究は将来、世界の食糧問題の解決にも必ず貢献できるはずだ——と。

早速、大型予算の獲得に奔走し、研究員と研究室などの確保に取りかかった。しかし、相手は科学大国アメリカであり、研究途上はピンチの連続だった。もう駄目だと思うことも度々あったが、メンバー全員の「この研究をぜひ日本で」という熱い思いと、天の味方としか思えない幸運に恵まれ、日本チームは世界一の実績を挙げることができた。

心と遺伝子

そして、いよいよ私のライフワークともいえる「心が遺伝子の働きを調節する」という仮説の検証に着手した。

①遺伝子にはスイッチのオンとオフがある

ヒトの全遺伝情報（ゲノム）が二十一世紀の初めに解読された。これは、医学や生物学上、画期的な出来事だった。これで生命の謎《なぞ》が解けるに違いないと期待されたが、事はそう簡単ではない。ヒトゲノムの解読は、生命現象を解明する糸口をつかんだに過ぎないのである。

その後の研究進展のなかで、非常に面白いことが分かってきた。ヒトの全遺伝情報のうち、実際の働きが分かっているのは二～五パーセントしかない。九五～九八パーセントは何をしているのかよく分かっていない。ある人は、これらを「ジャンクＤＮＡ」と言った。しかし、私はかねがね、ジャンクがそれほど多いはずはない、と考えていた。そのジャンクといわれる部分に大切な役割が潜んでいて、しかも遺伝子の発現（スイッチのオンとオフ）に関係しているらしいことが、研究が進むにつれて明らかになった。

そのなかで、私は心の働きも遺伝子の発現に関係するのではないかと仮説を立てた。心の働き、心づかいが遺伝子の発現に関係するという研究調査を目的として「心と遺伝子研究会」を設立した。

②笑いと遺伝子

心の働きの一つとして、私が注目したのが「笑い」である。笑いがどの遺伝子のスイッチを入れ、どれが切れるのかという研究をスタートさせた。笑いの健康への影響を探るなかで、具体的には、笑いが糖尿病患者の食後の血糖値の上昇を抑えることを見いだした。その際、免疫活性を高めたり、新陳代謝を促進したりする遺伝子がオンになることも突きとめた。

いま、私どもは「ヒトの笑いの研究」に続いて、仔《こ》ねずみを遊ばせて笑わせるというユニークな研究を続けている。この研究は、ダライ・ラマ法王とのご縁から始まった。

二〇〇四年、法王のお招きを受け、「笑いと健康」についてインドのダラムサラで報告したときのことだ。そのとき居合わせたアメリカの研究者から、笑いの研究をねずみでやっていると聞いた。そこで早速、私どもの研究にも取り入れた。

小さい子供たちは、じゃれ合って遊ぶとき声をあげて笑う。仔ねずみも、仲間と遊ぶ際には五〇キロヘルツの超音波を出す。この五〇キロヘルツの鳴き声は、ヒトの笑い声の原型ではないかと考えられており、サイエンス誌でも紹介されている。

私どもは、仔ねずみの遊び方を真似《まね》て、人間の手で仔ねずみを遊ばせるTicklingという方法を使って仔ねずみを笑わせている。お母さんが赤ちゃんのお腹《なか》をくすぐると、声をあげて笑う。同じように、何度も仔ねずみを追いかけてお腹をくすぐってやると、仔ねずみは人間の手とじゃれ合うようになり、五〇キロヘルツの超音波を出すのだ。私どもは、この方法による実験で、仲間から離れて独りぼっちで育った仔ねずみと、楽しく遊ばせて育った仔ねずみとでは、どのような違いが生じるのかを比較してみた。

これまでの多くの先行研究では、独りぼっちで育った動物（ねずみ以外にサル、イヌ等）は、攻撃的になるばかりか、ストレスに弱くなり、学習能力も低下して普通に成長できないことが分かっている。これに対し、仔ねずみを楽しく遊ばせて育てると、ストレスに強くなり、学習能力も高くなること、さらに脳内の遺伝子のオンとオフにも違いが生じることが判明した。たとえば、脳の視床下部という生命維持に重要な中枢では、ストレスに関する遺伝子や、喜びを感じるときに出るドーパミンの分泌《ぶんぴつ》に関わる遺伝子がオンになった。その成果は、米国のサイエンティフィックアメリカン誌の電子版でも紹介された。

この研究を通じて、子供時代に仲間と楽しく遊ぶという経験は、大人になって健全な生活を営むうえで非常に重要だということが、あらためて分かった。

最近、キレやすかったり、引きこもりになったり、自殺したりする子供が増えている。そのような問題の対処法につながる研究になればと願っている。

祈りと遺伝子

私は、白鳥哲監督の映画「祈り～サムシンググレートとの対話～」に出演した。この映画では、世界的に著名な医師や生物学者、科学ジャーナリストが、祈りを含めた心や意識の近年の研究成果について語っている。本作品は諸外国で五つの賞を受けるなど、話題を呼んだ。

また、心と自然治癒《ちゆ》の関係の研究で世界的に知られるアメリカ人医師、ラリー・ドッシー博士は、話題作『祈る心は、治る力』（原著タイトル：Prayer is Good Medicine）において、祈りの持つ力とその効果を、多くの科学的根拠に基づいて紹介している。

最近、祈りや瞑想《めいそう》における遺伝子発現の網羅的な解析報告が増えてきており、二〇一三年には、ヨガ瞑想が、ストレスによる免疫機能の低下を回復する可能性があると指摘されている。さらに、抑うつの改善やストレスによる細胞老化を防ぐ可能性があることも報告されている。

私どもは二〇一三年から、高野山大学密教文化研究所と協力して、真言宗の護摩行《ごまぎょう》が、身体にどのような変化を引き起こすのかを、生理的な変化や遺伝子発現の変化から検証している。具体的には、護摩行をする僧侶と、その場を共有した健常者を対象に、行の前後と最中に血液を採取し、代謝産物や遺伝子の発現の変化を解析した。現在までに、行の前後で発現が変化する遺伝子がいくつか見つかっている。

以上述べたような「笑いと遺伝子」や「祈りと遺伝子」の研究をさらに発展させ、人間の心の働き、ひいては「魂」の働きまで追究していきたいと考えている。

最後に、わが八十年の人生を振り返り、心からありがたいと思うことは、私が天理で生まれ、天理でお育ていただいたことである。人生の節目節目において、親神様《おやがみさま》・教祖《おやさま》のお導きを頂いて、ここまで来ることができたと実感している。私にとって最後のテーマとなる「心と遺伝子」や「祈りと遺伝子」の研究は、「病の元は心から」という教理の科学的展開を目指したものである。生涯かけて、その完成を目指したい。

平成二十八年一月　教祖百三十年祭の日に

著者記す

目次

第一章　創造力の源泉

教育と研究の現場から

「高血圧の黒幕」の正体をさぐる

四百名を収容できる筑波大学の教室は、通路はもとより廊下《ろうか》にまで学生があふれていた。その中で、アメリカのハーバード大学やパリのパスツール研究所との激しい競争を勝ち抜いて獲得された遺伝子工学の最新の成果が、熱気ある口調で語られ、授業の最後には、学生から期せずして拍手が起こった。また、この授業には、東京からも学生が聴講に来ているという話を聞いた。

これは、主として一、二年生を対象にした総合講義の一コマである。私どもは、新入生に学問の楽しさや知的な興奮をぜひ味わってほしいと考え、「快適な生活のための科学」というタイトルのもとに、環境や食糧問題とともに遺伝子操作の問題を取り上げた。遺伝子工学、倫理、宗教の先生が、遺伝子操作について平易に語り、好評を博している。

この授業で、私が語った研究は、いまから六年前（一九八〇年）、筑波大学で若い研究者や大学院生とともに始まった。合計十年近くのアメリカでの研究生活を終え帰国した私は、日本の新しい大学で、学生実験室の片隅を借り受け、全くゼロから研究を始めた。幸い、大学には、新しい国際的な大学をつくることに情熱を傾ける多くの人々がおり、建物や設備も毎年充実していった。

そして、私どもは一つの大きな目標を定めた。それは、筑波大学創立十周年までに、国際的な研究業績を私どものグループから出し、十周年のお祝いに花を添えようではないかという目標である。教育に関しては一朝一夕になるものではなく、また、その成果の評価は容易ではない。しかし研究は、場合によっては短期決戦が可能である。三年千日あれば一仕事できる、いや、しなければならないと決心し、そのことを学長に申し上げ、決して自信があったわけではないが、背水の陣を敷いて研究にのぞんだ。

私どもは、体内にある酵素・ホルモン系の一つで、高血圧の引き金を引くとして知られている酵素レニンの正体を明らかにする研究に取り組んでおり、その一部はすでにアメリカで成功していたが、この仕事を大きく発展させようというのが、研究の目標である。それには、まず材料が必要である。私どもは、脳下垂体にレニンがあることを裏づける証拠を持っていたので、まず出発材料としてウシの脳下垂体を選び、この中からレニンを完全に純粋な形で取り出そうと考えた。

純粋なレニンは、最低一ミリグラムはほしい。逆算すると、ウシ三万〜四万頭分の材料が必要であると計算された。一口に三、四万頭というが、これは大変な数である。この仕事が成功するかどうかは、この材料が集められるかどうかにかかっていた。そこで、私は食肉センターへ行き、「なんとか、ウシの脳下垂体を三万五千個調達してもらえませんか？」と頼んだが、最初は全然相手にしてもらえなかった。しかし、私は幾度も足を運び、頭を下げ、最終的にはやっと「それでは、その周りの部分も一緒に切り取って冷凍庫に入れておくから、少しずつ持って帰ってください」というところまでこぎつけた。そこで材料を少しずつ持ち帰り、その中から脳下垂体の一部を手で取り出す仕事を、研究室総出で始めた。

最初は、正規の研究時間内でその作業をやっていたが、それではとうていダメである。そこで私は、毎日二時間ずつ早起きをしようと呼びかけ、早い人は五時や六時に学校に来るようになり、私どもの研究室は、約六カ月、早朝肉屋を開業したような状態が続いた。普通なら、このような仕事に対してアルバイト代を出すべきであるが、私は一銭もお金を払わなかった、いや払えなかった。そこで私は、研究室の若い人に次のように言った。「私どもはプロの研究者かその卵である。一流のプロになるために身ゼニを切ろう」と。そして六カ月後、すべての材料を処理し、その中の二百万個のタンパク質の中から、目的であるただ一つのレニンタンパク質を選び出した。

その純粋なレニンは、私どもには宝のように思えた。しかし、三万五千頭のウシから取り出したその量は、わずかに一グラムの二千分の一であった。このわずかな純品を使って、いろいろ実験を行ったが、この量ではレニンの正体の完全解明には及ばない。そこで研究は大きな壁にぶつかった。私どもは、思い切って遺伝子工学的手法を導入した。

遺伝子工学への挑戦

この遺伝子工学の手法は、十年前には誰《だれ》一人想像さえしなかった技術である。過去三十年、遺伝子についての化学的理解が進み、大腸菌から人間まで全く同じ「化学の文字」や暗号を使って、親から子へと遺伝情報を伝えていることが明らかにされた。その結果、大腸菌に人間の適当な遺伝情報を与えてやれば、大腸菌が人間の遺伝子のコピーを作り、その情報に従って人間のホルモンやタンパク質を作ることができるという、魔術のようなことが可能になった。

私どもは、この新しい技術を使って、動物やヒトの酵素レニンの遺伝子の全暗号を解読し、それからレニンの正体を完全に突きとめる研究に取りかかった。この遺伝子工学の分野はいま、日進月歩で進歩しており、ものすごい競争が行われている。何も知らない私どもが、この分野に参加することは、大きな賭《か》けであった。完敗する危険が十分にあった。事実、私どもが研究を始めてから、世界の有名な研究室で、私どもと同じ研究が始まっているというニュースが入ってきた。

「相手は天下の横綱、負けてもともとだが、勝負には時の運、天の味方が必要である。とにかく力を合わせてやろう」と、新しい研究に取りかかった。しかし、研究は思うように進まない。やっと研究が進みはじめたころ、パリのパスツール研究所のグループが、この仕事の第一段階に成功したとの報告を出した。第一ラウンドは私どもの負けである。気落ちしているみんなを励まし、勝負はこれからと頑張っていたが、形勢は明らかに私どもに不利である。しかし、土壇場《どたんば》で強力な援軍が現れた。この分野では有名な、京都大学の中西重忠教授である。この先生との共同研究で、研究の最後の難関が一気に突破できた。世界にさきがけ、人間のレニンの遺伝子の全暗号を解読し、その暗号からレニンの基本構造の解明に成功した。

大学の十周年記念日の三カ月前であった。この成果を国際学会で発表し、降壇するとき、異例の大きな拍手が起こり、思わず涙が出た。それにしても、私どものグループの若い教官や学生はよくやってくれた。特に最後は、睡眠時間をけずり、体重を何キロも減らすという涙ぐましい奮闘であった。

この仕事は、この研究に携わった全員の勝利であるが、私はそれだけではないと思う。これは天のご守護がなければ完成していない。私はこの仕事を始めるとき、信仰的には、この仕事を教祖百年祭（天理教では、教祖《おやさま》を〝おやさま〟とよむ）への私のお供えにしたいと心定めをした。

私にいまできることは、与えられた職場で、みんなを勇ませて、精いっぱい働くことである。その結果、化学の研究の場において、一つの大きな目標に向かって一手一《いってひと》つ（心を一つに結び、各人の役割を自覚して行動すること）になり、それぞれが努力するとき、不思議なご守護が頂けるということを体験させていただいた。

生物の不思議

遺伝子工学という新しい技術が、医学や生物学に与えつつある大きな衝撃は、この技術を用いてヒトの遺伝暗号が解読できるようになったことである。ヒトの暗号は、約三十億個の文字が、重さが一グラムの二千億分の一、幅が一ミリメートルの五十万分の一という超微小の情報テープの中に書き込まれている。その情報を少しずつ、いま、科学者は読みはじめた。

この研究をしていてつくづく不思議に思うのは、このヒトの設計図（正確にはタンパク質の設計図）の精巧さと、それを極微の世界に書き込んだのは一体誰だろうかということである。この設計図に書き込まれた情報に基づいて、私たちは毎日、血や肉を作っている。この設計図は、私たち人間の意志で書いたものではない。また、この設計図が全く偶然に、何の意図もなく書かれたとすれば、それはまさに奇跡であり、そこに人間の存在を超える自然の素晴らしい働きや、人間を造ろうとする自然の思いのようなものを感じる。

遺伝子の科学は確かに素晴らしい進歩をした。これは、大腸菌という、数十億年前に誕生し細胞一つで生きている、生物として最も簡単なものを、分子生物学者が集中攻撃し、輝かしい成果をおさめたからである。この中から多くのノーベル賞受賞者を出した。そして、生物の中ではいま、大腸菌について、私どもは最も多くのことを知っており、超ミニ工場として大いに利用している。

しかし、世界の科学者が束になっても、大腸菌そのものはいまだに作れないのが、科学の最先端の現況である。これは、私どもの持っている知識に比較して、生物の持っている未知の部分が桁《けた》はずれに多く、特に生命の誕生や、いのちそのものについては、科学はまだほとんど何も知らないからである。これは科学がとるに足らないからではなく、生物があまりにも素晴らしいからだともいえる。

これらの研究を通して、私どもは自分の力で生きているのではなく、大きな力によって生かされていることを実感している。親神様《おやがみさま》（人間を創造し、いまもあらゆる守護をする親なる神）の真の姿はあまりにも大きく、私ども凡人には、なかなかつかまえがたい。しかし、教えの一つでも素直に実行するとき、その姿の一部や働きを感じることができるのではないだろうか。

科学と信仰の接点

これから順を追って紹介していく内容は、バイオテクノロジー（生物工学、生命工学）の現場からの幼い信仰の告白といったものであろうと思う。私は布教専従者ではないから、信仰のとらえ方におかしなところもあるかもしれない。また、教語の使い方にも誤りがあるかもしれない。それをかえりみず、科学と信仰の関わりについて論じていこうとするのは、科学が信仰を頭から疎《うと》んじ、またその逆に信仰者が科学者を次元が違う人として敬遠するような風潮に、ささやかではあるが私なりの体験を述べて、本当のことを知ってもらいたいからである。

科学と技術は今後もますます進歩していき、それとともに人々の考え方、ものの見方も変わっていくだろう。人間の生き方の基本はどんなに時代が変わろうと同じなのだという素朴な真理が、進歩の一途《いっと》をたどる科学技術の力に押しつぶされてしまうことだって考えられる。何が本当に良いことで、何がしてはいけないことなのか、その判断もだんだんつけにくくなる。だからこそ、私は自分の非力もかえりみず、大学の授業でも、研究の現場でも、そしていろいろな講演の席でも、お道（天理教のこと）の教えをいつも胸の底において、科学の良さと限界、生命の神秘とその背後にある大きな力について、訴え続けていきたいのである。

バイオテクノロジーと一般に呼ばれる生命工学の技術の急速な進歩は、おそらくこれからの時代の大きな特徴ともなってくる。科学技術の中でも、このバイオテクノロジーは、生命そのものと直接関わるものなので、倫理観や宗教的なものの見方とどうしても接点を持ってくる。人間は一体どこまで生命に介入できるのか、遺伝子組み換えなどによって作り出された新しい化合物や生物に対して、どのように接していったらよいのか——バイオテクノロジーの進歩がもたらす問題は数多い。このへんについても、私は第四章で自分なりの考え方を紹介していきたいと思う。

時代の花形「バイオテクノロジー」とは

まず、バイオテクノロジーとは何なのか、冒頭で簡単に説明してみよう。基本となる知識がないと、読んでいただく際に、分かりにくい点が出てくるだろうと思うからである。

生物のことを英語で「バイオロジー」という。また工学とか技術のことは「テクノロジー」という。バイオテクノロジーとは、この二つの単語を組み合わせた新造語で、日本語に訳せば、生物工学あるいは生命工学といった表現になる。あっさり言ってしまえば、全く新しい生物学的技術を用いて、生物の持っているさまざまな機能を、人間の欲求に合うように利用したり改造したりするのが、「バイオテクノロジー」と呼ばれる技術である。

大昔から、これに類した技術はあった。たとえば、酒や味噌《みそ》などの醸造は、酵母菌という微生物の働きを利用しており、バイオ技術の大先輩である。また、われわれの祖先は大昔から、地球上に存在していた植物の中から、病気に強く、収穫量の多いものだけを選択したり、近縁のものどうしを交配したりして、野生品種の改良を行ってきた。その結果、現在の作物の大部分は、元の野生品種とは著しく異なっていて、その見分けさえもつかぬほど大きく変えられているものが多い。

たとえば、種子を利用する目的の作物は、その植物の大きさに比べて釣り合わないほどたくさんの種子をつけていて、元の品種から見れば明らかに奇形種である。そして、現在の作物の多くは、人間の保護なしには子孫を残すことも不可能なほどの「過保護種」に変えられている。

現在、私たちが利用している作物は、ほとんど「天然自然」のものではなく、めしべとおしべの人工交配などにより、人為的に遺伝子に変化を与え、その中で優良品種だけを育ててきた結果である。

近年では、「緑の革命」とまで呼ばれた「メキシココムギ」が誕生し、食糧不足に悩む発展途上国の農業に明るい希望を与えた。このメキシココムギは、日本種と従来のメキシコ種の交配により生まれ、収量がそれまでの約二倍で、しかも、病気に強い抵抗性を示した新しい品種である。これも、異なった二つの品種の遺伝子から、一つの優れた遺伝子が生まれた結果である。

めしべとおしべの「交配」は、核の遺伝子の変化を起こしていないと考えている人もいるが、交配は組み換えなどを含む遺伝子の変化ももたらす。その意味では、私たちが大昔から行っていた品種改良は、遺伝子の変革そのものである。

しかし、従来の交配により遺伝子の変革が可能なのは、近縁のものに限られていた。しかも、交配の際には、遺伝子は有用なものも、不都合なものも、これがワンセットとして新しい品種に移るのである。だから、両親の悪いところばかり現れることもある。たとえば、美人と秀才が結婚しても、期待した子供が生まれない場合が多い。このように、良い遺伝子だけを残すのには、何世代もかかって選択していくことになり、長い年月を必要とする。人間がある目的をもって努力しても何年もかかるのであるから、これを自然の進化にまかせると、おそらくこれらの作物が出現する可能性は著しく低い。そこで、「なんとか目的にかなう遺伝子だけを選択的に選んで移すことはできないだろうか。そうすれば、多くの無駄と年月の節約になる」と考えるようになったのである。

そこで、植物や微生物の遺伝子を紫外線、X線、薬品で処理して、人工的に遺伝子上に突然変異を起こさせ、その中から目的にかなったものを選ぶ方法がとられるようになった。この方法はある程度成功をおさめ、実用化されたものもあるが、これらの処理は、試行錯誤を繰り返して、数十万ないし数百万の中から一つ当たれば幸いであるという、はなはだ経験的で効率の悪いものであった。したがって、目的のものが得られる確率は非常に低い。このようなことから、どうにかして、目的に合ったデザインのもとで、遺伝子の変革を行うことができないであろうか、と考えるようになったのだ。このことは、育種を行っている人の夢であった。

その夢をかなえる技術が、一九七〇年代に開発されたバイオテクノロジーである。この技術により原理的には、種の壁は取りはらわれ、すべての種での遺伝子の組み換えを可能にした。そして、遺伝子組み換えの効率とスピードを飛躍的に向上させ、ヒトのホルモンなどを微生物に作らせるという、いままで全く不可能と考えられていたことを可能にした。

この技術は、一九七〇年代に急速に進歩したが、基礎には、三十年間にわたる分子生物学の蓄積があったのである。分子生物学とは、生物が行っている現象を分子のレベルで理解しようとする学問で、この三十年の間に特に遺伝子の分子的な解明が、急速な進歩を遂げたというわけだ。遺伝子についてのくわしい説明は第三章で展開する予定なので、ここでは省略しよう。

さて、こうしたバイオテクノロジーが注目を集めるのは、基礎理論は言うに及ばず、応用に生かされて産業化されつつあるからだ。現在、先進諸国では、医薬、医療、化学、食糧、畜産、種苗、エネルギー、エレクトロニクス、廃棄物処理など、非常に広い範囲にわたって、バイオテクノロジーの技術開発、産業開発が強力に進められている。昭和六十年十月には、大阪で「バイオ'85ジャパン」と銘打った大規模な国際会議と見本市が開かれ、世界中からバイオ科学者、バイオ関連業者が集まった。早くも、二十一世紀はバイオ産業の時代などともいわれだし、市場規模は、西暦二〇〇〇年には十五兆円にも成長すると見込まれている。ひと昔前まで、大学の農学部というと泥くさく思われ、志願者も少なかったものだが、いまや、どの大学でも農学部は志願者が増え、バイオテクノロジーは花形である。農芸化学を専攻する私でさえ、まさか、これほどの隆盛になるとは夢にも思わなかった。

私を支えるもの

私は、あまり深く考えることなく京都大学の農学部を選んだ。その後も地味で目立たぬ酵素の研究を続けてきたに過ぎない。しかし、バイオテクノロジーの飛躍的な発展は、いつのまにか、私のような者まで陽《ひ》の当たる場所に引っぱり出した。いま私は筑波大学遺伝子実験センター長にまで任ぜられた。

私の現在の主な研究対象は、冒頭でふれたように、人間の高血圧の黒幕と考えられる酵素レニンである。このレニンの働きの仕組みを解き明かすために、遺伝子組み換えの技術を思い切って採り入れたのであった。三年千日と日を仕切っての必死の研究には、お道の教えが十二分に生かされた。このいきさつについても、第三章でくわしく述べたい。

いま、私は日々、極微の世界で生命の神秘的な働きと向かい合っている。ヒトのタンパク質の遺伝子を大腸菌に組み込んで、大腸菌にヒトのタンパク質を作ってもらっている。こんなことをするようになるとは、若いころ夢にも思わなかった。だが、信仰的に考えると、漠然とながら、私という人間が生命科学の最前線で働かせていただくようになった意味も分かってくるように思うのだ。

このあと紹介していくが、私は奈良県天理市で生まれた。しかも、出生場所は、天理教教会本部の所在地で、人間宿し込みの元なる場所と教えられるぢばに近いところだった。両親と祖母も、天理教の信仰者だった。私の育った家は、その後、教会にもなった。そのために、両親は一生を信仰にささげてきた。祖母もそうだった。いま、私のきょうだいたちは全員、天理教信仰の道をひたすら歩んでくれている。

　また、私が学問の道を志すについては、天理教二代真柱《しんばしら》・中山正善《しょうぜん》様（真柱とは天理教の統理者）の大きなお心が強い力となった。おおらかな態度で、「学問の道で大成して、お道のために役立つように」と励ましてくださった二代真柱様のお心を、私は終生忘れないだろう。

　天理教では、いずれ芽が吹くまでの長い期間、ただひとすじに信仰の道に精進することを「伏せ込み」という。どんな信仰者も、伏せ込みを経験している。伏せ込んだ誠真実《まことしんじつ》の上にこそ、花も咲き実がみのる。

　私など、まだまだ研究者としては〝発展途上人〟であって、完全に花咲き実がみのったわけでもないが、比較的順調にこの生命科学の道を歩め、世界に問えるような研究成果も出させていただいた。もし、これが一つの〝花〟であるとするなら、すべて二代真柱様をはじめとする天理教の方々の真実と、私の両親の長い伏せ込みのたまものであったと思う。もちろん学問的には恩師満田《みつだ》久輝先生はじめ多くの先輩や協力者のおかげである。こうした誠真実の伏せ込みがなかったなら、いまの私は存在しなかったであろう。

しかも、私はヒトや生物の生命の神秘に直接ふれ、そこに素直に神様のお働きを感じ取ることができた。研究の現場に教えを生かして大きなご守護を見せていただいたことも、研究対象そのものの中に神様のお働きを感じさせていただけるのも、やはり祖母以来の長い信仰のおかげだと思う。私はつくづくこの信仰の素晴らしさを噛《か》みしめている。

レニン研究に本格的に取り組みはじめて以来、私は自分の家で朝づとめ・夕づとめ（つとめとは天理教の祈りの儀礼）と教典（『天理教教典』）の拝読を欠かさないようになった。研究室で生命の偉大な働きに接していると、おのずから神様にひれ伏して、お礼申さずにおれなくなるのである。そして、おつとめをつとめ、教典を拝読することによって、神様との間にたしかな筋道がつき、そのおかげで私自身の中に大きなエネルギーが注入され、研究のうえにも予想以上のご守護を見せていただけるように実感するのである。

こうした信仰の行いが抵抗なくできるのも、おぢばで生まれ、おぢばで育ったおかげかもしれない。私は、どんな場合も、自分を支えてくれている何か大きな力を感じるのである。

生い立ち

天理市三島町一番地

何ごとについてもそうだが、一つの成果が実るとき、その背後には膨大な準備の期間、試行錯誤の期間がある。営々と積み上げていく地味で目立たぬ努力の期間。少しの報いも求めず、ただひたすら尽くす一方の行いに徹する歳月——植物にたとえるなら、花が咲き実がなるまでの長い成長のときでもあろう。大地をよく耕し、種を蒔《ま》き、肥をかけ、芽が吹いてからは、順調に育つよう絶えず目をかけ、下草を刈り、余分な枝葉を切り、特性が十分に伸びていくよう気を配る。花や実は、こうした地道な努力のうえにこそもたらされるものである。

人間についても同じことだ、と私は自分の体験から考えている。私という一つの実がなるまでには、私以外の人たちの長い努力があった。私以外の人たちとは、よりはっきりと言うならば、私の両親であり、先祖であり、多くの先生・先輩・友人・知己《ちき》、そして教え子たちであろう。とりわけ、天理教の信仰のうえからいって、祖母と両親が伏せ込んでくれたものは大きかったと思う。その営々たる伏せ込みの日々がなかったら、私という存在もなかったであろう。

その意味で、私が自分の生い立ちを語るということは、祖母と両親の信仰ひとすじの生き方を照らし出していくことにほかならない。たとえば、私は、奈良県天理市三島町一番地で生まれている。この住所は、天理教信仰者にとって、ただならぬ意味を持つことから考えても、私自身の生い立ちが、天理教との濃密な関わりの中にあることが歴然としてくるのである。

天理市三島町一番地という場所は、天理教教会本部の置かれている、ぢば・かんろだいのすぐ近くである。人間宿し込みの本元の場所で、いまなお親神様がお鎮まりくだされていると教えられるぢばのすぐ近くで産声を上げたということは、私にとって、とても大きな意味を持っている。幼いころ、そして青年時代を通じて、その大きな意味は私には分からなかった。いまとなって、その意味が実感できるのである。どのような実感かということは、生い立ちを語るにつれ、徐々にお分かりいただけるものとは思うが、私自身はっきりと分かっていない部分もあると言っておいたほうがよいかもしれない。

祖母の入信

　さて、私がなぜぢばのすぐ近くで生まれたかといえば、父が、天理教教会本部に勤務していたからである。そのため、私は、天理幼稚園から小学校、中学校、高等学校と、いわゆる天理学園の中で育てていただいた。

　しかし、わが家の信仰ということになれば、祖母の代にさかのぼる。祖母村上よしは、舞鶴市にある山海《さんかい》分教会の信者としてこの道に引き寄せられた。祖母は若いころ祖父に生き別れ、一人身になった。そして、村を出て舞鶴市内で、ミシンによる足袋《たび》の縫製を仕事として生計を立てていた。

　ある日、家の前をしょっちゅう通るみすぼらしい老女が入って来て、「あんたは自分の子供がかわいいですか」と、唐突に訊《き》かれたという。おかしなことを訊く人だなと祖母は思い、「自分の子供がかわいいのはあたりまえです」と答えた。祖母はそのころ、女手一つで子供を育てていることをばかにされたくなくて、二人の子供（私の父とおば）にかなり良い物を着せていた。すると、その老女は数日後、再びやって来て、「自分の子供がかわいいのは誰《だれ》でも一緒だが、ならばあんたは、あんたの力で本当に子供を守れますか。子供に良い運命を頂くようにできますか。子供に贅沢《ぜいたく》させず、低い心、素直な心になって徳を積みなさい」と言ったのだ。

この人は本当に変なことを言うなと祖母は思い、その場はこれで終わった。しかし、妙に気にかかるので、この老女の素性《すじょう》を隣人に聞くと、「街はずれの天理教のおばあさんだ」という。その後、祖母は、子供二人を連れて、その教会に住み込んでしまった。しばらくして、子供（私の父）が川にはまっておぼれた。一度は水の下に沈んだが、すぐに浮かび上がってきた。そこを通りかかった水兵さんにたすけてもらったのだが、このことがあって、祖母は天理教の信仰を本気になってする気になったようである。

自分のかわいい子供でも、自分一人の力だけでは守れない。そうすると、やはり何か自分を超えた大きな力に守ってもらうほかにない。祖母は、妙なことを言うと思っていた老女の言葉を肝に銘じたのであろう。もちろん、祖父と生き別れて、いろいろな面で大変だったという事情もあっただろう。

祖母が住み込んだのは、明治の終わりから大正の初めにかけてのころで、天理教全体にとって最も苦しい時代であった。特に、末端の宣教所の住み込み布教師という立場は、大変だったろうと思う。しかし、祖母は信仰そのものに勇んでいたから、毎日毎日おたすけ（親神の働きを得て病気や事情から人にたすかってもらうようつとめること）に明け暮れ、苦しさを感ずるヒマもなかったことだろう。信仰の意味も分からない幼い父が一人残されて、わびしい思いをしたことは想像にかたくない。小学生だった父は昼の弁当も持っていけず、川に流れている野菜をすくい上げて食べるほどの貧しさを味わったのだという。赤貧洗うがごとき暮らしもさることながら、世間の無理解も子供心にはこたえるものだった。いまとは違い、天理教自体が社会から大変な誤解を受け、軽蔑《けいべつ》さえ受けていた時代のことである。

学問をあきらめた父

そんな苦しい日々にあっても、勉強好きの父は、旺盛《おうせい》な向学心を燃やしていたそうだ。舞鶴の片田舎から、父はそのころ名門校としてつとに鳴りひびいていた京都府立一中を目指したが、祖母の「おまえはおぢばの学校で勉強させてもらえ」という、哀願とも命令ともつかぬ言葉を素直に受けて、旧制の天理中学に入ることになった。

父は舞鶴の祖母と別れ、一人で郡山詰所《こおりやまつめしょ》（信者詰所の一つ）に住み、天理中学に通った。中学を了《お》えるころになって、できれば上級の学校に進みたいと思うようになったが、祖母は「うちの息子にはそんな徳はない」と考え、父も半ばあきらめていたという。

当時、お金がなくても行ける学校といえば、東京高等師範学校（筑波大学の前身であった東京教育大学の前身）ぐらいのものであった。ここは、教師を養成する学校である。進学するコースとしては旧制高校があったが、入学試験もむずかしく、経済的にもかなりの負担がかかった。父のような貧しい布教師の息子にとっては、文字どおり高嶺《たかね》の花であった。しかし、天理教の子弟に高等教育を受けさせようという、二代真柱様の親心のおかげで、父にも進学の道が開かれた。

喜んだ父は、一高（東京大学教養学部の前身）を目指して必死に受験勉強に取り組んだ。幼いころから貧しさが骨身にしみていた父は、学問を修めることが、貧しさからの脱却につながるものと信じていたのではなかろうか。

幸い、最難関とされていた一高に合格した父は、勇んで学問の道に精進したのだが、胸の中には深い懊悩《おうのう》がわだかまっていたようである。

それは、天理教との関わりについての悩みだった。さまざまな疑問が若い父の胸中を去来した。一高から東京帝国大学に進んで、悩みはいっそう深くなった。選んだ学部は理学部であり、自然地理学を専攻していたが、宗教学科などと違い、直接にはお道とつながらない学問だった。おそらく、父としては、卒業後すぐおぢばに帰ったり（ぢばは人類すべての故郷という意味から〝帰る〟という）、教会長になったりするよりも、学問の道で世に立ちたかったのであろう。

しかし、そんな折、舞鶴の祖母から長い手紙が父のもとに届いた。仮名ばかりのたどたどしい文章であったが、人間として踏むべき道について事細かにしたためてあった。おたすけの話や教会の生活についても書いてあった。いつまでたっても子供を仕込もう（教え諭そう）という熱情が文中にあふれていた。父はその手紙を読むたびに、心のひだに温かいうるおいを感じたという。「渇《かわ》いた喉《のど》に甘い乳房の感触を覚えた。幼い時、肌で感じた母の愛情を呼びさまされて、失いかけていた自分を取り戻し、倒れかけていた心を奮い起こした」と、父は「思い出」の中に書いている。

　祖母のせつないまでの心がいかに父を感化したかは推して知るべしだが、父は結局、東京帝国大学卒業後、二代真柱様の親心でおぢばに帰らせていただき、本部に勤めさせていただくこととなった。昭和九年、父二十五歳のときである。祖母はそのとき、父にしみじみと、こう語ったそうである。

「お前が社会へ出て、どんなに出世してくれても私は嬉《うれ》しくない。それより本部でお道のご用をしてくれるほうが、どれほど親孝行かしれん。たとえ一生、信者さんの下駄揃《げたそろ》えをしておっても、そのほうがよほど結構や。こんなこと、いまは分からんやろうが、先になったらきっと分かってくる」

父はこの言葉を胸に刻み、学問の道をあきらめ、以後五十年にわたっておぢばに伏せ込む（天理教教会本部で勤務する）こととなった。母の智恵とは昭和九年七月に結婚、翌十年の十二月二十六日、長男として私が生まれた。

「天の貯金」

そのころ、私たち一家の住まいは、天理教教会本部のすぐ近くの「いちれつ小路」にあった。本部での父の仕事は、いわゆる天理学園の教師で、その関係から、わが家には「一れつ会」（布教専従者の子弟を養育する機関）の扶育生とか学生、生徒がよく出入りし、教育的な雰囲気が漂っていた。

舞鶴に住んでいた祖母が、やがて一緒に住むようになった。祖母は、親里《おやさと》（人間の親なる神がおられるとの意味から、ぢばとその周辺を指す）近辺で熱心に布教をしはじめたが、これには、当時おぢばにおられた柳井《やない》徳次郎先生の感化が大きかったようだ。柳井先生は、父に対して「村上さん、お道を通る者はおたすけをしないことには本当の結構はないよ。おたすけは道の生命やでな」と諭したというが、これが祖母の耳にも入ったのだろう。父は、このお諭しを受けて以来、学校の先生という仕事のうえに、おたすけの精神を生かして通ったと後年、述懐している。祖母は根っからの布教師であったから、矢も楯《たて》もたまらずにをいがけ（人に信仰の匂《にお》いをかけること）・おたすけに飛び出したのだろう。

というわけで、祖母は昼間はほとんど家にいなかった。お土産《みやげ》を買ってくるわけでもなかったから、私たちきょうだいにとっては、いい祖母という印象は薄かった。しかし、「おまえたちには何も買ってやれないけれども、天に貯金をしておいてやる」と、折にふれて言っていたことをはっきりと思い出す。私たちはまだ信仰の深みが分からなかったから、天の貯金よりも、目前の貯金のほうがよかった。だが、いまにして思えば、私と私のきょうだいがいまあるのは、こうした祖母の伏せ込みがあったからこそである。そして、父が本部のご用の上に誠心込めて伏せ込んでくれたおかげである。

真柱邸の近くで

ところで、私が幼少年期を過ごしたころは、ちょうど日中戦争から太平洋戦争にかけての厳しい時代であった。特に太平洋戦争の末期には、おぢばの「いちれつ小路」に住んでいても、しょっちゅう空襲警報があった。食べる物もないので、農家出の母は、家の周りにイモや野菜の畑を作っていた。

父は本部の仕事があるので、長男の私が母の相棒をつとめ、一緒にサツマイモを掘ったりした。空襲警報が鳴っているにもかかわらず畑仕事をしていたため、憲兵にこっぴどく怒られたこともある。警報が鳴っても、幸い親里には爆弾が落ちてくることはない。しかし学校は休みになった。いま振り返ればあきれた話だが、子供心には、空襲警報発令で学校が休みになるのが楽しみだった。

親里にはまだ北大路もなく、広々とした景観が目にすがすがしかった。私たち子供は、遊び道具も全くないので、空きカンを探してきてカンけりに興じたり、かくれんぼをしたり、貧しいながらも自由を満喫していた。真柱邸に入り込むのも案外と自由で、庭の土俵で相撲《すもう》をとって、私たちより少し年長であられた三代真柱様からお菓子を頂いたこともあった。

当時、「いちれつ小路」には、子供がたくさんいた。一つの家に三人から五人の子供がいた。家は狭いので、おのずと子供たちは外に出て遊ばざるを得なかった。また、子供は外で遊ぶのが自然だった。

私たち一家は、近い距離ながら転々と居を変えた。いまの和楽館にも住んだことがある。真柱邸の塀の中にもしばらく住まわせていただいたことがある。おそらく、住む所がなくなり、二代真柱様から「来い」と言われたのではなかろうか。二代真柱様がお宅から出てこられてよく声をかけてくださったのも、このころのことである。

伏せ込みの生活なので、経済的にはきわめて厳しかった。しかし、私たちきょうだいはみな天理学園に行かせていただいた。家の中に風呂はないとはいえ、本部の共同風呂に入ることができた。両親はそろってお道のご用に勇んでいたし、少々ひもじい思いをしたとても、別にどうということはなかった。他と比較することもないから、貧しいといっても、どれくらいのものか実感がなかったのである。

父の仕事の関係で、家には学生が頻繁に出入りし、泊まっていくこともしばしばだった。泊まるとなれば食べ物もみんなで分け合うことになる。ただでさえ乏しい食べ物は、いっそう少なくなったが、それでも不足に思ったことは一度もなかった。むしろ、こうした暮らしの中で、私は譲る心を躾《しつ》けられた。

私たちきょうだいは修学旅行にも行かなかった。母は、修学旅行の費用も神様にお供えしたのであろう。「いま、つらい思いをしても、こうして天に貯金をしておけば、いずれ修学旅行どころか、神様のご用で世界中を飛び回れるようになるんだからね」と母は言った。その後三十数年、母の言葉が現実のおもむきを帯びている不思議さに、いまの私は気づくのだが、話がそれるのでこの話は後にまわそう。

さて、こんな一件もあり、母はいまだに「あのころは不自由させて申し訳なかった」と折にふれて言うのだが、私たちきょうだいは、母が言うほど不自由さを感じていなかった。繰り返すようだが、不自由だといっても、他の世界を知らなかったのだから、気にならなかった。周りがみんなそうだったのである。お道の良さはこんなところにもあると、私はいまでも思っている。みんな同じような経済状態で、同じ学校へ行って、風呂も一緒に入って、一種の大家族といった雰囲気がそのころの親里にはあったと思う。

しかし、外の世界を全く知らなかったので、私の心の中には次第に〝外部〟へのあこがれが芽生えた。「一れつ会」の扶育を受けている学生が帰って来て、学生生活の話などをしてくれるのも、そのあこがれをふくらませるのに一役買った。

京都大学農学部へ

中学を卒業するころには、漠然とながら理科系に進みたいと考えるようになった。父が自然科学を学んだこともそうした選択に影響を与えたと思うが、私は、理科系は手に職をつけることができる、なんらかの技術者になり得る道だと考えていた。したがって、いわゆる道一条（布教に専従すること）で通ろうというつもりはなかった。

父の心中には、私には好きな道を通らせてやろうという思いがあったのだろう。自分が果たせなかった夢を息子に託す、といえば大仰《おおぎょう》だが、少なくとも父は私の進路については何も言わず、全く自由にさせてくれた。天理大学以外の大学へ行くことにも、反対はしなかった。

天理高校の三年生になって、京都大学を受けたいと思うようになった。すでに、漠然とながら農芸化学を学びたいと思っていた。自分の適性は理科系であると思っていたし、二代真柱様が農業について深い関心を寄せられていたことを父から聞かされていたり、また、当時、天理高校の化学の先生に、京大の農芸化学科を出た高倉高砂男《こさお》先生がおられたことも、進路決定のうえに影響を与えた。

もう一つ、京大の理科系にあこがれを抱いた理由がある。湯川秀樹博士のノーベル賞受賞のニュースである。日本初のノーベル賞は、復興途上の日本人に明るい希望を与えていた。私は、高校生ながら、そういう素晴らしい学者が出た京大で学びたいと夢を抱いたのである。

私は京都大学農学部を受けることにした。難関とされる京大の中で、比較的入りやすいとされていたせいもあった。

とはいえ、進学校ではない天理高校から京大に行くのは容易でなかった。いまのような偏差値もなかったから、自分の学力が全体の中でどの程度のものかもよく分からなかった。参考書を買う余裕もなかった。見かねた先生が一冊の辞書を買ってくれたこともあった。そこで、私は友人四、五人と自発的に勉強会を開いた。この勉強会はずいぶん有効だったとは思うが、私は浪人覚悟で早くから予備校の願書を取り寄せていた。

いざ入試にのぞんでみると、幸いなことに合格してしまった。私は、自分の力以上のものを出させてもらったと強く感じた。この感覚は、その後も身に余る功績を挙げさせてもらうたびに、私の身体の中でよみがえった。二代真柱様の親心のたまもの、お道のおかげ、祖母や両親の苦労のおかげと心から感謝したのも、このときが初めてである。いま考えても、本当に大きなご守護を頂いたと思う。

親心を知る——信仰と学究へのアプローチ

新鮮な学生生活

昭和二十九年春、私は京都大学に通いはじめた。最初の一年間は、京大の分校が宇治にあったので、家から通っていた。二年生になって寄宿舎（吉田寮）に入った。

寮生活で、私の世界は一挙に広がった。農学部だけではなく、文学部、経済学部など、さまざまな学部の学生と知り合いになれた。寮には、学生運動をやっている者、演劇に凝っている者、医者を目指して勉強に励む者など、私にとっては初めて接するタイプの学生がごろごろしていた。世の中にはいろいろな人間がいるというのが率直な感想だった。この新しい世界に溶け込むのが面白くて、私はあまり勉強しなかった。

寮に入っている学生はおおむね貧しかった。外で遊ぶといってもお金もないので、よく寮の中で酒を飲んだ。酒が入ると、「ストーム」が始まった。これは、寮単位でコンパをやったあとに、放歌高吟《ほうかこうぎん》しながら寮じゅうを嵐のように駆け回るところから「ストーム（嵐）」といわれた。コンパで気勢が上がったら、大声をあげてほかの寮へ行くわけである。元気のいい者は、女子寮にまで押しかけていった。よその看板をはずしてきたり、寝ている学生をたたき起こしに行ったり、いま考えればずいぶん乱暴な話なのだが、これが若さの一つの発散なのであった。

読書会があったり、デモがあったり、授業以外のことでけっこう忙しかった。文科系の学生は授業に出なくても何とかやっていけるが、私のように化学実験を積み重ねていかねばならない理科系の者は、授業に出ないでいたら、どんどん取り残されていく。それを知りながらも、私は生まれて初めて知った学生生活の豊富な色どりに、抗する術《すべ》を持たなかった。生まれてから十八年間、親里という半ばそれだけで出来上がった世界で暮らしてきたから、いわゆる〝外部〟の世界はどれ一つとってみても、新鮮な魅力を秘めていたのだ。授業にももちろん大きな魅力を感じていたが、京都という学問・文化の街で繰り広げられている、学生たちの活気あふれる行動は、若い私をとらえてやまなかった。

　思想とか政治にも興味があった。そして、貧しい人や虐《しいた》げられた人々の解放のために命をささげる話には感動した。また、戦争中に、戦争反対等をとなえて、その志をまげず、十八年間も獄中で過ごした人々がいたのに驚かされた。普通、デモに参加するのは一種のハシカのようなもので、一時期を過ぎると忘れてしまう人が多いが、私の場合は、大学一年のときから大学院の前期までの期間、かなり熱心であった。そこで歌った〝インターナショナル〟〝原爆許すまじ〟や、京大生の間で歌われた〝京大反戦自由の歌〟などは、三高寮歌などとともに、いまでもよく覚えている。

　そのころ、私は教会の講話で政治や思想の話をして、信者さんから「そんなことでは、どこの会社もやとってくれませんよ」などと言われたこともあった。ちょうどそのころ、六〇年安保闘争や大衆運動が盛り上がりはじめていた。私の寮の友人の中には、学生運動に深入りしすぎて停学処分を受けた者もいた。しかし、私が、革命運動の持つ正義感にある種の共感を持ちつつも、左翼運動に深くのめり込まなかったのは、この運動とお道の教えとの大きな違いを感じていたからではないかと思う。その一つは、敵に対する考え方の違いだった。お道の教えには敵という考えはないが、革命運動には明確に敵というものが存在する。さらに、当然のことながら、心や魂の救いということについても、大きな違いがある。

一方、女子大学との合同ハイキング、合同コンパ、合同読書会などにもよく顔を出したのは、女の子とのつき合いにも、大いに魅力があったからである。学校の勉強しかしない友人とは、少し距離をおいていた。

そんなこんなで、結局のところ私は、あまり勉強に熱が入らなかった。「いまはとにかく学生生活を十二分に楽しもう。勉強はそれからでも遅くない」と、どこかで考えていたからでもあろう。

授業にあまり出なかったから、成績は良くなかった。だから同じクラスの友人たちも、私が大学教授になろうとは夢にも思わなかったようだ。最近開かれた同窓会で、みんなが「学生時代を振り返ってみて、一番変貌《へんぼう》したのはおまえだ」と口を揃《そろ》えて言いつのるのを聞き、なるほど、確かにおれは学究の徒になるような学生生活を送りはしなかったと、あらためて思ったものだった。友人たちが言うには、私の研究成果が新聞記事になったりすると、「これは、あの村上和雄か」と目を疑うのだそうである。多少冗談が入っているとしても、友が驚くほどの変貌を遂げたのは私自身も認めるところではある。

親の愛の強さ

いまで言えば、「ルンルン気分」の学生生活の中でも、ただ一つショッキングな出来事があった。仲のいい友人が山で遭難したのである。私が大学二年のときだった。

　毎日顔を合わせている友が突然死んでしまったこともショックだったが、残された親御《おやご》さんの悲しみに出会って、私は若い心に痛烈なショックを受けた。遭難死した友人は、私たちにとっても彼の親にとっても申し分なくいい人間であった。手塩にかけて育て上げ、京大に学ばせ、将来に夢を託していたその最愛の息子に先立たれたのだから、親御さんの嘆きは察するに余りあった。弔問《ちょうもん》に行ったとき、母親は骨つぼを深々と抱き、歩けない状態だった。私はその母親の悲しみを見て、親の愛情とはいかに強いものであるのか、初めて知った。ぢば・かんろだいの間近で生まれ、まことの親（親神様のこと）の教えを毎日聞いて育ったのだから、親が子に注ぐ愛情がどれほど強いものかということぐらい分かっていたはずであった。しかし、私はこのときまで、親心の深さを知らなかったのだ。つまり、頭の中だけで親心のなんたるかを理解していたのだった。

とにかく私は、死んだ友人の母の姿を見て、「これはうかうか死ねない」と思った。親を悲しませるようなことだけはすまい、と心に誓った。

天理教学生会をつくる

昭和三十一年。天理教教会本部では教祖七十年祭がつとめられた。その旬の理（旬に込められた親神様の大きな思い）も働いたのだろうか、私の内部で、天理教のためにという殊勝《しゅしょう》な思いが頭をもたげた。親しい友の死が、親心のありがたさを骨身にしみて理解させてくれたことも、信仰へのアプローチに大きな力となった。

私は、同じ京大に学ぶお道の子弟にはかって、京大に天理教学生会を作ることを提案した。天理教に理解のある平澤興《こう》先生（京都大学元総長）にも相談を持ちかけ、名誉顧問になっていただいた。キャンパスの各食堂に貼り紙をし、一生懸命人集めに取り組んだが、結局同志は五、六人しか集まらなかった。それでも一応、京都大学天理教学生会は発足した。活動はさしてできなかったが、たまに集まって酒をくみ交わして議論をしたり、おぢば帰りをしたり、それなりに意味はあった。

七十年祭には、できたばかりの「おやさとやかた」に献灯がともり、おぢばは素晴らしく美しかった。信仰のなんたるかはまだ分からなかったが、その美しい夜景を見せたくて、よく友達を連れ帰ったりした。

教祖は、百数十年前のころ、当時草深かったあたりを見渡されながら、「今に、ここら辺《あた》り一面に、家が建て詰むのやで。奈良、初瀬《はせ》七里（約二八キロメートル）の間は家が建て続き、一里四方は宿屋で詰まる程に。屋敷の中は、八町四方（約八七二メートル四方）と成るのやで」（『稿本天理教教祖伝逸話篇』）と言われた。「おやさとやかた」とは、この八町四方の一連の建物のことである。当時、この壮大な話を聞いた人は、おそらく誰《だれ》も信じることができなかったのではあるまいか。

夢のまた夢のような話が現実味を帯びはじめたこの一事を見ただけで、教祖が常人ではなかったことが理解できる。

前にもふれたが、私はどちらかといえば享楽的な学生だった。将来、平澤興先生のような偉大な学者にはとてもなれないので、いまを楽しんだほうがよいと思っていた。だから、女子大生とつき合うときなども、京大生という素性《すじょう》を隠したこともある。京大生であると分かると、人も何となく身構える。それが、少々〝軽い〟私には嫌《いや》だった。

天理という一種の村社会から解き放たれて、生来深刻にものごとを考えないタイプの私は、いっそう〝軽く〟なったのだと思う。天理を忘れてしまいたいと思うことさえあった。とはいえ、学生会を組織したことからも分かるように、私はやはりお道の子であった。実は、寮生活を送るようになってからも、毎月の月次祭《つきなみさい》には教会へ帰っていたし、何がしかのお供えもしていたのである。そして、平澤興先生の「天理教の教祖の教えは本当に素晴らしい」とおっしゃった言葉には、大いに勇気づけられた。

収入の一割をお供え

昭和二十四年十月二十六日、いわゆる復元教典（今日の『天理教教典』）が公布された。これまで官憲の干渉や圧迫等で教祖の教えの大切な一部が自由に刊行できなかったが、この教典が公刊されて誰はばかることなく、教えが自由に説けるようになった。この記念すべき吉《よ》き日に、村上布教所は二代真柱様からじきじきに、「典日講」の講名を頂いた。新しい教典が公布された日という意味の「典日＝のりのひ」であった。

父は典日講となったのち、新制天理大学の寮長に任ぜられ、学生の世話に情熱を燃やしていた。その間にも寄り来る信者は増え、七十年祭お打ち出しのころには、教会設立の気運がみなぎりはじめた。昭和三十年七月には、奈良市のあやめ池を一望する高台の地に普請《ふしん》の槌音《つちおと》がこだました。京大生だった私も、暇をみつけては、あやめ池の普請現場に行き、ひのきしん（親神様への感謝と喜びの心から生まれる行為・労働）に加わった。

昭和三十一年、七十年祭の年の四月一日に、典日分教会神殿落成奉告祭が執り行われた。私自身、夏休みを返上してひのきしんに精出していたので、感無量であった。毎月のお供えも、全収入の一割を運んでいた。そのころの私の収入といえば、一れつ会の扶育金とアルバイト、それに日本育英会の奨学金があって、一万円ぐらいにはなった。当時はコーヒー一杯が高くても五十円、ふつうのサラリーマンの初任給が一万五千円ぐらいだったから、一万円の収入というのは、まんざら捨てたものではなかった。いまの感覚でいえば、十万円近い収入があったといえるのではなかろうか。

お供えを持って帰れば、とにかく親が喜んでくれた。私には、それが嬉《うれ》しかった。「おまえは、ご本部のおかげで学校に行っていられるのだから、必ずお供えをしなさい」と常に言い聞かされていた私は、ごく素直に、その親の言葉に従ったのである。

親に喜んでもらうことがこの道の信仰なのだという信念は、このころからも無意識にせよあったし、それはいまでも変わらない。この信念は、祖母以来、父母から私へと無理なく受け継がれてきたのだと思う。

親の喜びがわが喜び

このように、いくら享楽的な学生生活を送っていても、お道とのつながりは途切れることがなかった。京大の天理教学生会の中には、「おれは絶対天理教にはならない」と突っ張る者もいたが、私はその点きわめて柔軟だった。「たしかに、自分もまだ天理教がよく分からない。しかし、いまは分からなくても、将来、分かるようになるかもしれないのだから、つながりだけは持っていこう」と考えていた。性急に結論づけたがる学生の気質からみれば、私のこうした姿勢は、少々いいかげんにも見えたろう。なんと楽天的なやつだろうかと首をかしげる友もいたことだろう。

なんとなく〝軽い〟感じもあるこの性格は、おそらく生まれつきのものだと思うが、それが文字どおりの軽薄な生き方に流されずにすんだのは、やはり祖母と両親の信仰のおかげだった。家が教会になってくれたおかげだった。

私のきょうだい（四人。私は四男一女の長男）は、いま、全員お道とつながっているが、これは、彼らの成長していく時期が、教会草創期と重なっていたからだと私は思っている。教会生活を体験していく中で、きょうだいたちは信仰のなんたるかを、がっちりとつかみとっていったのだろう。

その点、私の場合、教会生活の実体験がない。村上布教所、典日講を経て、典日分教会が誕生したとき、すでに私は大学生であった。弟や妹と違い、私には生々しいおたすけの話などを聞く機会も少なかった。

それでも私は毎月、教会に帰っていた。だからこそお道とつながっておれたのだと思う。私は親の喜ぶ顔を見たいがゆえに教会に帰り、収入の一割をお供えしていたのである。

人を喜ばすのは大変だが、親を喜ばすのはそうむずかしいことではない。親がしてもらいたいと望んでいることを察知し、素直にそれを実行すれば、親は喜ぶ。私は、大学教授となったいま、学生たちにそれをよく言う。卒業していく学生に「最初の月給は、親が一番喜ぶものを買うのに使いなさい」などと言うこともある。私自身、それをやってきて、親が喜んでくれる姿勢を見てきたから、自信をもって言えるのである。

親を喜ばせることは、私の喜びである。特に父は、自分のできなかったことを息子の私が実現していくことに、大きな喜びを感じるようだ。一つの研究が結実し、新聞などに取り上げられて喜ぶのは、親だけではない。たとえば学長が喜んでくれる。文部省で私を援助してくれた人も喜んでくれる。ほかにも実験を支えてくれた人、研究スタッフなど、数多くの人たちの力添えがあって一つの成果は実を結ぶ。私はその多くの人たちのおかげで研究が成功したのだということを、新聞発表の場でもはっきりと述べる。それが、支えてくれた人々への恩返しである。大きな枠組みから言えば、国が筑波大学に研究投資をしているのだから、よい研究を成し遂げ、その成果を発表することは、国に対する恩返しでもある。

ただ、注意しなければならないのは、新聞等のマスコミに取り上げられると、慢心が起こりやすいことである。どんな場合でも「自分は大したことはない」と考えるようにしているのは、その慢心をおさえるためだ。

幸い、私は信仰を続けてきたおかげで、本心から「自分の力など大したことはないのだ」と思える。それが嬉しい。

伏せ込みの上に花が咲く

研究にとどまらず、仕事の花というのは本人の力だけでは咲かないものなのだ。遺伝子工学の分野に例をとると、現在につながる本格的な基礎研究が始まったのは、三十年ほど前からである。この研究が実用段階に入ったのは、十年ほど前からのことだから、二十年という地道な伏せ込みのうえに、遺伝子工学という華麗な花が咲いた。

その花が咲いているところへ、私たちは行ったわけである。数多くの学者の伏せ込み、一人の学者の研究を支えた人々の伏せ込み、そして国や機関の援助……それらが伏せ込まれてこそ花は咲いた。花咲くチャンスに出会うことなく学問生活を終える人が多い中で、運良く花を咲かせるには、とうてい本人だけの力ではかなわないのである。

筑波研究学園都市の建設もそうだ。何もない筑波の田んぼの真ん中に、巨大な研究学園都市が形づくられていくまでには、やはり数多くの伏せ込みがあった。多額の資金を投入した政府の思いもあったろう。また、この新都市建設に命をかけた人もいたと聞く。こういう大プロジェクトが実現していく過程では心労で何人かの人が死ぬこともあったという。

学園都市が陽《ひ》の目を見るとき、そういう人たちはほとんど陰にかくれてしまう。だから、きらびやかな花を見ることもなく営々と伏せ込んだ人々の思いは、花と咲いてもてはやされる人の胸中にしっかりと根づいてしかるべきなのである。

教会でも同じだ。教会が成り立っていく陰には、長い歳月にわたる伏せ込みが必ずあるし、数多くの真実が寄り集まっている。その伏せ込みの真実を忘れてしまうと、慢心が出てしまう。伏せ込みのうえにこそいまの自分があると謙虚に考えれば、自分の力の限界も分かり、ご守護のありがたさにも目を開けるのだと思う。

学問の喜びを味わう

学生生活を楽しみながらも、精神の大事な部分はやはりお道としっかりとつながっていた私だった。そして、卒業も間近になったころ、ようやく学問への憧憬《どうけい》が芽生えはじめた。何と言っても、天理教学生会を通じて出会った平澤興先生の影響は大きかった。偉大な科学者で、しかも立派な信仰者である先生は、私にとっては輝ける星のような存在であった。学科の先輩に教えられることも大きかった。特に、二年上の安本教伝氏の学問にかける気迫には、私を圧倒するものがあった。

よし、自分も研究・学問に真剣に取り組んでみようと心を決め、昭和三十四年、大学院に進んだ。最初の二年間は、安本先輩と一緒に研究をした。最初は、先輩に叱《しか》られどおしであった。われながら情けなく、屋上で一人泣いていたこともあった。しかし、この厳しさは私には良い薬になり、いまでは感謝している。一人立ちしたのは、その後、博士課程に進学してからである。一人で研究を進めるようになって、私は学問の喜びを本当に味わうようになった。

研究というものは、まず一つの仮説を立て、種々の実験を通じてその仮説の正しさを証明していく。実験の結果が仮説どおりになっていくときは、その喜びはたとえようもない。

一つの具体例を紹介しよう。

私はそのころ、ＰＣＰ（ペンタ・クロロ・フェノール）という除草剤がどうして効くのだろうかと研究を進めていた。あるとき、田に撒《ま》いたＰＣＰが川に流れ出した。すると、川の中の魚が死んだ。そこで私は、なぜ死ぬのか分析に取りかかった。実験を重ねて、その農薬が魚の呼吸作用を冒すことを突きとめた。呼吸は、消化された食べた物を酸化してエネルギーに転化するために行うが、ＰＣＰはそのエネルギー発生の仕組みをこわしてしまうのである。

そのメカニズムを解こうと、仮説を立てたわけだが、実験と分析の結果は仮説のとおりになった。自分の考えが、科学的に実証されたのである。

独創性は低い心に宿る

ところで、仮説を立てるに際してはある種のひらめきというか、類推の力が必要となってくる。ＰＣＰの働きを解明したときも、まず私は、ＰＣＰによく似た化学物質が呼吸をおかしくすることに着目し、構造は違うが、ＰＣ

Pとその関連物質も、同じような働き方をして動物の呼吸作用を冒すのではないかと類推した。先人が積み重ねたさまざまな実験結果を調べあげ、その中から類推のヒントを得るわけである。独創性というものは、意外とこんなところにかくれているものなのだ。全く蓄積のないところから何かを始めようとすれば、おそらく膨大な手間と歳月がかかるうえに、望むべき結果が得られるものかどうかの見通しも立ちにくい。しかし、よく考えれば、どんな研究の分野にも諸先輩たちが苦心の末にたどり着いた到達点がある。その到達点の中にこそ、次なる独創性を生み出すヒントがかくされているものなのだ。

だから、独創性とは謙虚な低い心にこそ宿ると、私は信じている。本当に独創的なものを創《つく》り出すためには、これまでの成果や蓄積を否定し去る態度はよくない。先輩たちの営々たる努力があってこその私たちなのである。そういうつつしみのある態度でいる限り、一つの独創的な研究成果を得たときにも、「先輩のおかげ、皆さんのおかげです」と心の底から言える。

お道の場合は特にそうだ、と私は思う。一つのおたすけがあがるとき、そこには教祖のお働き、先人たちが伏せ込まれた理が働いている。一人のおたすけ人の力だけなのではない。先人の歩んだ道に、新しい道をつないでいく際も、同じことが言えるだろう。先人の道を古いからといって否定し去ってしまえば、伏せ込んでもらった理も消えてしまう。何よりもお道は、理を受け継いでこそ力となる。「古き道があればこそ、新しい道という」との「おさしづ」のお言葉も、こういう意味だと私は理解している（『おさしづ』は天理教の三原典の一つ）。

実際、仮説や類推に当たって、先人たちの研究成果を虚心坦懐《きょしんたんかい》に調べているうち、ふっとひらめくということがある。これが大変に大事なのである。ひらめきがなかったら、どんな仮説も立たないし、類推もできない。

思い切りと思い込み

もう一つ、研究の現場で重要なのは、実験方法である。これは多分に技術的なものだが、たとえば、いままではこのレベルでしか測定できなかったのに、もうひと桁《けた》高いレベルでできるようになったとなれば、当然新しい発見が起こる。遺伝子工学の技術が開発されて遺伝情報が読めるようになったことなども、その典型的な例である。

私の場合、昇圧酵素レニンの遺伝暗号を解読（第三章参照）するのに、これまでの方法ではとてもできないことから、遺伝子工学の方法を思い切って採り入れた。これは、いままで誰も導入したことのない方法だった。新しいバイオテクノロジーの技術を採り入れたからこそ、ヒト・レニンの全遺伝子暗号を解読できたのである。

つまり、仮説を実証していくための実験方法を、常に開発していくことが新たな発見、画期的な研究成果につながっていく。この段階では、先人のマネをしていてはいけない。一生、他の学者のマネをして終わる人もいるが、それはそれで意味があるとしても、独創にはとてもつながらない。たとえば、マネをする実験の一つに、「犬猫実験」と呼ばれるものがある。アメリカでは犬を使って行った実験を、日本では猫を使って行うというような実験をいうのだが、これはとても簡単にできてしまう。実験材料が違うだけで、あとは一緒だからである。

信仰の世界でも、先人の思いを受け継いだのはいいが、先人と全く同じ方法で道を通っていたのでは、そう大きな進歩は望めないと思う。先人が伏せ込んでくれた理を素直に受け、自分なりの方法を求めて絶えず努力していく中にこそ、新しき道は開ける。化学の実験現場にあって、私は常々そんなことを考えている。

また、新しい方法を採り入れても、それに固執してはいけない。目的は、よい実験成果を得ることなのだから、方法がそぐわない場合は、柔軟に換えていくのがよい。こうした柔軟性は、真剣な思い込みから生まれる。どうでも成功したいとそればかりを念じ続けるからこそ、逆に実験方法については柔軟性を保てるのである。

話が横道にそれたが、大学院時代の、このＰＣＰの研究を通じて、私は生物化学の面白さに気づき、一生を学問の道にかける決心を固めたのである。ＰＣＰなどの研究論文で、私は農学博士号を授与されたのであった。

「もたれ切る心」

おぢばで生まれ、おぢばで育てていただいた私は、こうして学究の徒としての第一歩を本格的に踏み出した。大学の学部にいたころの私を思えば、百八十度の変身に近かった。しかし、私は〝軽い〟感じさえする学生生活を送りながらも、教会とのつながりはきちんと持っていたし、学問を捨てたわけではなかった。言うならば、私は時の熟するのを待っていた。私の身の内に眠る真の学究心に火がつく時を――。

こうした気の長さ、ごく自然に時の熟するのを待つ一種の大人っぽさは、信仰のうえから言えば、「もたれ切る心」の若い表れであったかもしれない。私は、私自身をいつも支えてくれている何ともしらぬ大らかな力にもたれ切っていた。もたれ切っていたから、どんな場合も安心だった。私には帰るべき親の里があった。

だから、私は大きな転機に当たっても、思い切りよく自分の人生を運命にゆだねることができた。

人には誰しも転機があるが、それをうまくつかみ、より良い人生への飛躍台としていくためには、思い切りの心をもつと同時に、何か大きな力にもたれていく素直さが必要だ。単なる豪胆さだけでは、道を踏み間違える場合がある。私は幸い「仕切り根性」というお道の言葉を知っていた。「ふし（節）」という言葉も知っていた（〝ふしから芽が出る〟といい、思いがけない苦しみは飛躍の契機となるという教え）。人生に大きな転機が訪れるたびに、私はこのお道の言葉を思い出した。

そして、文字どおり「仕切り根性」を発揮した。私の乏しい理解では、「仕切り根性」とは、与えられた一つの目的に向かって、どうでもやり切る心を定め、結果は神様にまかせて精いっぱい努力する根性のことをいうのだと思う。だから、これは単なる豪胆さ・大胆さとは違う。神に、もたれ切るという素直さがある。だからこそ、現実場面では不安におびやかされても、心の奥底では安心の境地でいられるのである。

昭和三十八年――。

私にいよいよ最初の大きな転機が訪れた。アメリカ留学である。お道では、教祖八十年祭を三年後にひかえ、二代真柱様から海外布教のお打ち出しがあったころだった。この年、私は農学博士号を受け、京都大学農学研究科（農芸化学専攻）を修了し、それとともに妻もめとった。そして留学の話である。どれ一つとっても人生の転換点だったが、私の場合、それが一度に訪れた。学位取得、結婚、留学——矢継ぎ早に訪れた転機をすべて受けとめ、私はアメリカへ飛び立とうとしていた。

おぢばでも京都でも、山の色が日々晩秋の紅に染まりゆくころだった。

第二章　ひとすじの道

アメリカ留学

〝海外布教〟の期待を背に

昭和三十八年十一月末、私は大阪・伊丹《いたみ》空港から、アメリカ留学の途についた。典日《のりのひ》分教会（当時は奈良市のあやめ池にあった）では、会長（父）はじめ、母、きょうだい、所属のようぼく（用木――さづけの理を戴《いただ》いて親神の手足となって働く人）・信者の方々などがうち揃《そろ》って私を見送ってくれた。大型バス一台をチャーターしての盛大な見送りだった。

当時はまだ海外渡航が自由化されておらず、外国へ行くというだけで一大事業であった。東京オリンピックを翌年にひかえ、日本経済は高度成長へ向かって活性化しつつあったとはいえ、一般国民の暮らし向きはまだまだそう恵まれたものではなかった。

そんな時代のアメリカ留学だったから、見送り一つにしても大仰《おおぎょう》な形となったのであろう。父をはじめ教会の人々の胸中には、アメリカの地に教えの種が蒔《ま》かれるという期待があったのかもしれない。

父は当時、二代真柱様のご命を受け、天理よろづ相談所「憩《いこい》の家」（病院）の建設構想に参画していた。構想を立てるために、世界各地を視察旅行し、その印象をよく私たちに語り聞かせた。父は、世界各地を撮影してきたスライドを映しながら、熱を込めて海外布教の夢を語るのだった。

二代真柱様から「海外布教」が打ち出され、全教的にその気運が高まりはじめているときでもあった。その熱気は、少々お道から離れたところにいる私にも伝わってきていたのである。

とはいえ、私は一研究者。「海外布教を」と期待する親にどこまで応えられるか、正直いって疑問だった。農学博士号を取得したといっても、大学院を出たばかりの学者の卵である。一生活者として見た場合、新婚ほやほやの青年である。どこまでやれるか、という現実的な不安が胸中に渦巻いていても不思議はなかったろう。

実をいうと、留学が決まったとき、私はこれで新婚旅行も兼ねようと、かなり虫のいいことを考えていた。海外へ行く人も少ない時代に、アメリカへ新婚旅行に行くとなれば、大変華やかである。貧しい研究者の私は、一瞬その華やかな夢に酔ったのである。

しかし、父母は天理教の信仰に忠実だった。「アメリカ留学で新婚旅行もついでにすませたい」と伝えると、「海外布教に役立つために行くのだから、百合子さん（注＝私の妻の名）は修養科を出て行きなさい」という（修養科とは天理教の信仰をしようとする人が親里で三カ月間教えを学ぶ修養道場。性別・年齢・学歴を問わず、十七歳以上なら誰《だれ》でも入ることができる）。私は天理教の中で育ったから、父母の言葉の意味はよく分かった。しかし、妻にどう伝えてよいものか、大いに迷った。

妻は同志社女子大学を出て、京都大学の研究室でアシスタントをしていた。私は研究と研究室の朝の掃除を通じて妻と知り合い、博士論文なども妻にタイプで打ち上げてもらった。いわば、〝職場結婚〟の夫婦であった。しかし、妻は、天理教と全く関係ない家庭で育っていた。だから、修養科の何たるかも知らなかった。それに、私は妻に対して、「アメリカには一緒に行こう」と約束していた。「君は残って修養科に入ってくれ」とは言いにくい事情がいくつもあったのである。

だが、父母は頑として言葉をひるがえさなかった。私は親に逆らわないことを信条としていたから、結局は折れた。そして、妻の説得にかかった。いざ話してみると、予想に反して妻はすんなり修養科行きを了承してくれた。本当に、びっくりするほど素直だった。このとき以来、私は妻に頭が上がらなくなったといっても過言ではない。そして、もしこのとき修養科に行かなければ、妻の天理教に対する理解は大幅に遅れていたことは確かである。非情と思えた父母の態度に、いまは感謝している。

このエピソードからも分かるように、両親は私に「海外布教で役に立つこと」を本気で望んでいた。前にも述べたように、私は親の望みは十分理解していたものの、結婚したての妻を一人残して行く不安や、アメリカでの未知の研究生活に対する不安などにとらわれて、海外布教を考える余裕はなかった。

人生の師

さて、勇躍伊丹を飛び立った私は、羽田でいよいよ国際線に乗り換えアメリカを目指した。初めて乗る飛行機に心臓の鼓動が高鳴るのを覚えた私は、気を落ち着けようとビールを注文して飲んだ。元来アルコールに弱いたちであるうえに、気流の関係で飛行機が大揺れに揺れたものだから、私は悪酔いした。スチュワーデス（客室乗務員）に介抱してもらう始末だった。

そのとき私は、出発までにかなりの心労を蓄積していたことに生理的に気づいた。心の奥底に安心の境地はあるとはいえ、学位取得、大学院修了、結婚、旅立ちと打ち続く転機は、若い私の精神にやはり相当の負担を強いていたのである。

機内のシートでビールの酔いに苦しみながら、私は何くそと思った。とにもかくにも、私は人生の転機を自分の手でつかみとろうとしていたのである。アメリカ留学という願ってもないチャンスが、現実に巡ってきたのであった。そう考えると、さまざまな不安は少しずつ消え去っていき、飛行機が東へ進めば進むほど、今度は期待感が頭をもたげてくるのだった。

機は途中ハワイに降り立った。ここで一泊し、天理教ハワイ伝道庁に参拝した。ハワイからロスアンゼルスに飛んだ。ここでも一泊し、アメリカ伝道庁に参拝した。ロスアンゼルスからは、いよいよ目的地ポートランドへ。ここはアメリカ西海岸北部にあるオレゴン州最大の都市だった。

私の留学先、オレゴン医科大学は、このポートランドにあった。話は前後するが、オレゴン医科大学への留学を紹介してくださったのは、私が生涯の恩師と仰ぐ、満田久輝先生（京都大学名誉教授、日本学士院会員）だった。私は大学院時代、この先生のもとで指導を受けた。

満田先生の学問信条は、基礎研究と応用研究を、どちらかにかたよらずに両方進めていくというものだった。自然の摂理を素直に学び、それを応用に結びつけていくのでなければ生物学は単なる知識や理論に終わってしまうと、満田先生は私たち若い研究者に常々言い聞かせられた。

満田先生のそうした研究姿勢の一つの結晶に、いわゆるビタミン強化米がある。米を精製するようになってから、最も栄養分が含まれている部分が削り取られるようになってしまったが、先生は、その栄養分を補った米を作り出したのである。そして、このビタミン強化米は、開発途上国などで大いに役立った。クロレラの食糧化にいち早く取り組まれたのも、満田先生であった。

私は、基礎と応用を両方推し進めていく満田先生の研究態度に強く影響を受けた。先生の情熱的な姿に、学問の何たるかを、ささやかながらつかみとった感じだった。

基礎研究と応用研究は、当然どちらも必須である。確実な基礎研究が土台にあってこそ応用研究も成り立つ。専門的な学問分野でむしろ基礎研究の重要性が叫ばれるのも、このためである。だから、純粋理論を尊ぶ学問が主流である分野では、どうしても応用は分が悪い。しかし、私どもの研究分野である農芸化学では、理論が実際に役立ってこそ意味があった。そういうことからすれば、実学であった。

信仰の世界にあてはめると、教理と布教実践、もしくは理論とおたすけの関係に似ているかもしれない。教理というものは、それだけで体系化でき、一つの閉じた世界を形づくることができる。しかし、教理は現実の布教場面、おたすけの現場、もしくは日々の信仰生活に生かされてこそ豊富な意味を持つ。といって、教理の裏づけなきおたすけもあり得ない。特に、教会生活では教理を柔軟に応用して人だすけに当たるのが普通である。

私が満田先生の〝実学〟に強く魅《ひ》かれたのは、こうした信仰実践のありようが身体の奥深くしみ込んでいたからかもしれない。純粋な理論構築よりも、私は現実の生活に応用して役立つような学問に向いていた。

満田先生が留学先として紹介してくださったオレゴン医科大学には、こうした応用や基礎の研究室があって、若い研究者を国籍を問わず、広く迎え入れていたのである。

留学生活の第一歩

四日がかりでようやくポートランドに降り立つと、空港には、なんと日本人が迎えに来てくれていた。大学関係のアメリカ人が迎えに出ていたら、かたことの英語でどう対応しようかなどと情けないことを考えていた矢先だったので、本当にありがたかった。地獄で仏とはこのことかと思った。

迎えに来てくれたのは、同じ留学生の森憲正という人だった。私が所属する研究室のボス（向こうでは主任指導教授をこう呼ぶのである）に頼まれたのだと彼は言った。おそらくボスは、同じ日本人に迎えさせて緊張の程度をやわらげようと考えたのだろう。

実際、その効果は満点だった。私はポートランドという未知の土地への第一歩を、森さんのおかげでかなりリラックスして踏むことができたからである。森さんはこれ以外のことでも、とても親切だった。住む所がなかなか決まらない私のために、彼は自分の家の二階を提供してくれたのである。私はこの二階に二、三カ月、居候《いそうろう》させてもらったが、おかげでその後のアメリカ留学生活はきわめてスムーズにいったのだ。

これだけの世話取りをしてくれながら、森さんは私からのお礼を一切受け取らなかった。「そういう気があるんだったら、これから来る若い留学生のために使ってくれ」と彼は言った。留学生としての経験がそう言わしめているのかもしれなかったが、私には、この言葉が信仰的なトーンを帯びて心に響いた。そして、こういう良き人に巡り会えたことを、素直に喜んだ。

ポートランドはバラ作りがとても盛んで、〝バラの都〟という美しい愛称で呼ばれていた。札幌と同じ北緯四十五度という中緯度地方にありながら、太平洋にのぞむため海流の影響を受け、一年中温和な気候が続いた。

森氏の家の二階に下宿させてもらいながら、私は妻を迎え入れるために、市内にアパートを探した。ようやく探し当てたアパートは、オレゴン医科大学のすぐ近くで、大きな部屋が一つあって、それにバス、トイレ、台所が付いていた。部屋にはハイディング・ベッド（隠しベッド）が置かれていて、昼間はソファになった。冷暖房込みで家賃は約七十ドル（一ドルが三百六十円の時代である）。新婚の私ども夫婦には十分な部屋であった。

迎え入れの準備がすっかり整ったころ、修養科を了《お》えた妻が一人でポートランドにやって来た。妻もロスアンゼルスでアメリカ伝道庁に立ち寄った。当時庁長であった深谷忠政先生が開いたスキヤキパーティーに参加させてもらい、ディズニーランドにも連れていってもらったと、妻は屈託のない笑顔を見せた。昭和三十九年一月。私が二十七歳、妻は二十五歳だった。

ポスト・ドクター制度

こうして、ポートランドでの留学生活は本格的に始まった。もちろん、妻が来るまでの間も、オレゴン医科大学で研究に励みだしてはいた。しかし、妻が来てからは、生活上のこまごまとした雑事に追われることがなくなったので、本腰を入れて研究に取り組めた。

私の所属する研究室は、オレゴン医科大学の生化学教室の中にあった。留学とはいっても、すでに学位を取得している私は、授業料を払って勉強するというわけではなく、給料をきちんと頂きながら研究をするという立場にあった。当時、アメリカでは、博士号を取った少壮の学者を世界各国から呼び集め、給料を支払いながら研究に従事させる制度を採り入れていた。これはポスト・ドクター制度といい、アメリカの基礎科学研究を育てるうえで大きな力となっていた。アメリカでは、いまでもこうした制度を積極的に採り入れている。世界中から、生活ぐるみで若い学者を呼ぶのだから、相当の資金が必要なのだが、これを先行投資と考えれば、アメリカはその投資に見合う果実を十分に獲得していた。なぜなら、研究の成果はすべてアメリカのものとなり、また本国へ帰った研究者の口を通じて、〃偉大なるアメリカ〃の栄光が語られていくからである。

しかも、学位を取った直後の学者というのは、ほとんどが上り坂にある。いわば学者生活の活性期の一つである。昔、学位は功成り名を遂げた学者に与えられる真の意味での博士号であった。しかし、戦後の博士コースによる学位は、たとえて言うなら運転免許に似ている。これで独り立ちして研究をやっていけますよ、というライセンスなのである。運転でもそうだが、ライセンス取得後の練習、努力次第で、優良運転手にも悪質運転手にもなる。研究者はましてそうである。学位を取った後に頑張らなかったら、とても一人前にはなれない。

ポスト・ドクター制度は、この活性期にある若い学者を対象としたものだから、効果も抜群だった。世界中から呼び寄せられた新進気鋭の学者たちが、よきライバル意識に燃えて新鮮な研究に精出すからである。

オレゴン医科大学生化学教室にも、イギリス、ベルギー、日本、インド、フランスの五カ国から十人の若い研究者がやって来ていた。しかも、それぞれの研究者が、みな異なる専門コースを経てきていた。私は農芸化学だったが、物理、生理化学、生物などさまざまな分野の研究者が、一つの研究室に集まっていたのである。日本もいまではかなり外に開かれたとはいえ、一研究室に五カ国もの国の人々が集まるような状況はめったにない。ところがアメリカでは、すでに二十年以上も前から、こうした学際的な雰囲気の中で研究が進められていたのである。

アメリカの論理

実際、当時のアメリカは黄金の六〇年代といって、繁栄の一つの極にあった。世界中から学者を呼び集めることぐらい朝メシ前だったのかもしれない。アメリカ人は自信にあふれ、街は活気に満ちていた。日本しか知らない貧しい研究者の私は、アメリカの国土の広さと豊かさに、まず驚いた。

就任早々の私の給料は月五百ドルもあった。日本で就職した場合の七倍近かった。しかもその額は、同じアパートに住んでいた五十歳近くの日本人学者と同じであった。年齢とキャリアからいえば、私はその人の弟子という感覚であった。しかしアメリカでは、そうした日本的発想は通じなかった。その人の奥さんは不満げであったが、給料の額は変わらなかった。

大学側からすれば、私とその先生は同じ立場なのであった。仕事の質と量は同じ程度である、だから給料は同じでよいという論理が、大学の主張するところであった。そして、こうした論理はアメリカ社会全体を貫いていた。「同じ働きをしている以上、年とか地位とかに関わりなく給料を支払う」という、アメリカ流のフェア（公平）な精神のあらわれなのであった。

熾烈な競争社会

また、もう一つ驚いたのは、研究室の教授（ボスと呼んでいた）が一番よく働くという事実であった。朝は早くから来て、夜は夕食のころまで研究室にいるのである。しかも、夕食を摂《と》りにいったん家へ帰り、また研究室に戻ってくる。ほとんど毎日、われわれの研究現場までやって来て、「サムシング・ニュー（何か新しい発見はあったか）」とか、「サムシング・インタレスティング（何か面白い発見はあったか）」などと声をかけて回るのだ。研究というのは、そんなに頻繁に新しい発見に出くわすわけではないので、私も初めのころはどう答えていいのか大変困った。しかし、とにかくボスは、毎日あいさつ代わりのように回ってくる。それが本当にあいさつ代わりなのだと先輩に聞かされてほっと胸を撫《な》でおろしたのは、しばらく経《た》ってからのことだった。

ボスがよく働くのは、学問が好きでたまらないというのが理由の第一だが、アメリカ社会にはトップに立つ者が働かざるを得ない状況があった。ポスト・ドクター制度からも分かるように、アメリカには世界各国から有能な人材が集まってきており、しかも、永久就職という発想がないから、競争がきわめて熾烈《しれつ》である。下に属する者は、自由に能力を発揮し、ボスがしっかりしていないと、すぐ見切りをつけて他に移っていく。「こんなボスの下におってても仕方がない」と言って、あっさり職場を替えてしまうその思い切りの良さには、本当に驚く。こういう具合だから、ボスは人一倍働かざるを得ないのである。常に陣頭指揮をしていないと、いつ若い人が逃げ出すか分からない。

日本の場合、教授を支える助教授や助手が、教授に代わって仕事を進めるという組織となっている。教授は彼らに仕事をまかせておけるから、「おまえ、ちょっと適当にやっといてくれ。おれはちょっと出てくるわ」と、自由がきく。アメリカではそういうわけにはいかない。

どちらがいいか、単純に決めかねるが、アメリカ社会のこうした自由競争が、活力と進歩を生み出していることは衆目の認めるところである。反面、競争が過度になると、必然的に人間関係はホットになり、ぎすぎすした雰囲気が充満してしまう。しかし、私の知る限りでは、実力主義を全面的に採り入れた研究法は、良い成果につながっていた。

アメリカ社会の基本理念である自由と民主主義は、私にとっては、新たな研究への取り組みを物心両面で保障してくれたという点からいって、大変心地良いものだった。私は、人一倍熱心に働くボスのもとで、自分の研究テーマを酵素にしぼった。人間の体内にはさまざまな薬物が入り込み、毒素を出すものがあるが、こうした毒を解消してしまう酵素の働きを研究していこうというものだった。この解毒酵素の研究は日本でもかなり有名で、大阪大学の佐藤了教授などは、この研究で学士院恩賜《おんし》賞を受けておられる。

ボスも解毒酵素には大きな関心を持っていたから、私は自分の研究をのびのびと自由にさせてもらった。一年目は何の成果も出なかったが、二年目に入って「これなら」と言える成果が挙がり、世界的な専門誌に紹介された。そのときの嬉《うれ》しさはたとえようもなく、研究が面白くてたまらなくなった。研究者としてやっていける自信がついたのも、このときだった。

偉い学者と対等にやり合う若い研究者

アメリカへ来た次の年の四月、シカゴで開催される「アメリカ基礎医学会」に出席することになった。ポートランドからシカゴまで、大陸横断鉄道で約二日もかかったが、快適な旅であった。新婚旅行に行きそこなった私は、妻を同伴することとなった。アメリカの鉄道はそのころから斜陽で、ポートランドの駅などはガランとしていて寂《さび》れたものであったが、列車の中は一部屋ごとに仕切りがあり、その中にバス・トイレがついていたり、展望車もある豪華なものであった。雪を頂いた雄大なロッキー山脈を、五、六人しかいない二階の展望車から眺めたことなど、いまでもよく覚えている。

さて、四月というのにまだ寒いシカゴの学会に出席し、参加者が優に一万人を超え、発表数も数千題という、その規模の大きさにまず圧倒された。アメリカ全土に、このように多数の研究者がいるのを見て、これからこんなに多くの研究者に伍《ご》して、やれるのだろうかと不安を感じた。この学会は、研究者の同伴者のための特別プログラム（レディス・プログラム）まで用意してあり、学会の期間中、毎日のように妻は団体バスで見学に出かけ、シカゴ大学、博物館、植物園などを訪れた。さすがはレディス・ファーストの国であると感心した。

学会の会場では、いままで本や論文で名前しか知らなかった偉い研究者を目の当たりに見、その人の講演を聴き、感激した。私などは、英語が十分分からないせいもあって、おとなしく聴いているだけであったが、若い大学院生のようなかけだしの研究者が、偉い先生と対等に、また場合によってはそれ以上にやり合っているのにびっくりした。さらに、立派な先生が少しも偉ぶらず、対等に応答するのを見て、非常に感銘を受けた。

学問という真理の探究の場では、年齢や立場を問わず、研究者としては対等であるということが、暗黙のうちに守られている。たとえば、私と一緒に来た大学院の学生が、ノーベル賞を受賞した学者に気楽に話しかけ、熱心に討論をしていた。私は、てっきり前からの知り合いだと思っていたが、実は初対面である。このような雰囲気は、学問の進歩に大きく役立っている。いまでも生命科学の最先端の分野で、アメリカで目覚ましい活躍をしている若い日本人が多いが、これは、アメリカの学問の雰囲気にも大いに関係があると思う。この場合、特に教授等のリーダーの態度が大切で、私もこのような雰囲気を、日本でも育てたいと思っている。

一方、親神様にとって人間は皆、かわいいわが子であると教えられている、信仰者の場合はどうであろうか？　教会長など信仰の先達《せんだつ》を尊敬し、その立場を重んじるのは当然のことである。天理教では、この順序が重要とされている。しかし、すべての信仰者は、道を求めるという同じ面を持っていることも忘れてはならないと思う。これを忘れると、単なる権威的な面だけが目につくようになる。

一生を科学の世界で

こうして研究生活を続けながらも、実生活では天理教とつながりを保っていた。アパートの部屋には、小さいけれども神実様《かんざね》（布教所や信者宅に祀《まつ》る礼拝の対象）をお祀りし、ポートランド市内にある教会（ポートランド教会）の月次祭《つきなみさい》（毎月のおつとめ）には欠かさず参拝した。おつとめでは、夫婦揃ってをどり（手踊り）をさせていただいたりした。典日分教会にも、毎月の給料の一割をお供えとして送っていた。

私は村上家の長男だから、お道の常識からいえば、教会長を継いで当然だった。ポートランドで研究生活を送っているさなかにも、ふと、その問題が頭の片隅に入り込んでくることがあった。一生、研究者として生きるのか、それともいずれは教会長となって道一条でいくのか――。

ある日、おぢばから、当時「憩の家」病院の理事長をつとめておられた諸《もろ》井《い》慶五郎先生が訪ねてこられた。「憩の家」のリハビリテーションシステムを作り上げるために、アメリカの病院の視察に来られていた途次、深谷忠政アメリカ伝道庁長と共にお立ち寄りくださったのである。お二人は、私どもの部屋の神実様にもお参りくださった。そして、私の生き方について、親心あふれるお言葉を下さった。諸井先生は、私に「ふた道をかけないほうがよい。自分が思い定めた道をひとすじに貫き通しなさい。お道というものは広いのだから、大らかに通りなさいよ。狭く解釈する必要はないよ」とおっしゃったのである。

幸い、典日分教会では、弟の忠雄が教会長を継ぎそうな気配になっていた。同じ京大を出た弟は、就職せずにそのまま教会本部に入り、本部青年に登用されていた。性格的にも、私は弟のほうが教会長に向いていると考えていたので、これは歓迎すべき動向であった。

会長である父も、私には後継問題について何も言わなかった。父が日ごろから「お前は教会長の長男なのだから、親のあとを継げ」と言っていたら、やはり私も深刻に考えたことであろう。しかし、私の父は一切そういう言葉を口にしなかったのである。父がこうした態度をとれたのは、さかのぼれば、二代真柱様の大きなお心に間近くふれていたためだったと、いま、私は思う。お道を広くとらえるという点において、二代真柱様は卓越しておられた。

諸井慶五郎先生の言葉は、漠然とながら自分の行く末を思い定めていた私に、一つのはっきりとした決断を与えてくれた。これも、二代真柱様の広いお心のおかげだと、心の底から感謝した。私は、一生を科学の世界で生きようと、ようやく決意した。そして、科学の研究を通じて、及ばずながらお道に役立っていこうと思った。

それには、たとえ細いつながりにせよ、常々お道と関わりを持っていなくてはならない。月々のお供えと、ポートランド教会の月次祭参拝は、私にとってこの上ない〝つなぎ〟なのであった。

自信の芽生え

私たち夫婦は、アメリカ生活を楽しむことも忘れなかった。中古のビュイックを買い、休みとなればドライブ旅行に出かけた。ポートランド近郊だけでなく、西海岸一帯からカナダまで足を伸ばした。カナディアン・ロッキー（ロッキー山脈のカナダ側）の雄大な景観や、そこへ至る広々とした平原の光景などは、私の瞼《まぶた》の裡《うち》にいまでも強く灼《や》きついて離れない。

日常生活は当然すべて英語だが、街で買い物をするにしても、スーパーマーケットなどがあったので、さほど英語を使わずにすんだ。もっとも英語を話さなければならないのは、研究室の中であった。いわゆるテクニカル・タームといって、科学の世界には科学の共通語があるから、それで会話はある程度成り立った。しかし、セミナーとなると、そうはいかなかった。

アメリカに着いて間もなく、このセミナーで「私は日本で何を研究してきたか」について英語で発表させられた。前もって書いた原稿を読んでいればそれですむ日本とは違って、アメリカのセミナーでは、分からないことがあると、その場で質問してくる。すると、もはや原稿は役立たなくなる。相手の質問を注意深く聞き、英語で即答しなければならないのだから、神経が大変疲れた。セミナーが終わると、立っているのがやっとというくらいに疲れた覚えがある。しかし、英会話で神経をすり減らしたのはこのときぐらいで、あとはどうにかこうにか暮らしていけた。

こうして、ポートランドでの生活は順調に時を刻んだ。二年目に入って、研究生活にも自信がついた。一つの仕事がきちんとでき、その成果が世界一流の専門誌に掲載されたことが自信に直結した。教会の後継問題にも決着の目鼻がつき、科学の道で一生を究めると心を決めた私にとって、研究の分野で少し自信がついたことはありがたかった。一研究者としてみた場合、私はそれまで、自分の実力に確固たる自信を持てずにいた。いろいろな条件が重なり合って、たまたま科学の道に入り込んだのではないかと思うこともあった。だからこそ、たとえささやかな研究成果にせよ、他に認められたということが大きな意味を持ったのである。

私の一生を決めたアメリカ生活

人生にはいろいろな出会いがあり、転機がある。ある時機に出会った体験が、人の一生を決めてしまうこともある。私にとってはアメリカ生活体験がそうだった。繁栄の一つの頂点にあったアメリカの実態に接したことで、私は国が本当の意味で豊かであることの意味を知った。自由競争社会の長所と欠点を知った。そして私は、研究者としての自分の力を客観的に知った。親里を遠く離れて住みながらも、お道と常につながりを持っていたいと願う心が自分の内部にあることを知った。

よき人々と巡り会えたことも幸せだった。先輩として何くれとなく面倒を見てくれた森先生、研究室で相互研鑽《けんさん》に励んだ、アメリカ、フランス、ベルギー、イギリス、インドの同僚たち、そして「サムシング・インタレスティング（何か面白い発見はあるか）」と、毎日にこやかに声をかけてくれた偉大なるわがボス、ドクター・メイスン――。

彼らとの出会いがなかったなら、おそらく私の研究は成り立ち得なかったし、いまの私はなかったろう。応用生物化学者としての私は、オレゴン医科大学生化学研究室の中で、その最初の具体像を結んだのである。

また、アメリカ伝道庁の方々、ポートランド教会の方々との出会いもありがたかった。お道を信仰し続けていくうえで、科学の道ひとすじに生きていいく決意を固めるうえで、アメリカの地に根を生《は》やして神名を伝える方々の助言がなかったなら、私は寄る辺《べ》なき異国の地でアイデンティティを見失ってしまったであろう。

バラの都・ポートランドでの二年間は、こうして充実のうちに過ぎ去った。そして、再び私の身に転機が訪れた。京大の恩師、満田久輝先生から「帰ってこい」という手紙が届いたのである。

「アメリカ農林省との間に大きな研究契約が成立したので、帰ってきて手伝ってほしい」と、満田先生は書いてこられた。私は、研究に自信がついた矢先であったからアメリカに残りたかったが、ほかならぬ恩師の申し出を、むげに断るわけにもいかなかった。

さらば、バラの都、と言えば格好が良いが、私ども夫婦は、まさにそんな気持ちでポートランドをあとにした。たとえ後ろ髪をひかれようと、恩師の願いにはそむけなかった。それが私の信条であった。

転機また転機――日本・アメリカ・日本

大学紛争の渦中で

京都大学に戻り、私は助手になった。助手として満田教授の研究を手伝い、三年が過ぎたころ、学園紛争が起こった。昭和四十四年のことだった。

当時、全国の大学は学生運動で大きく揺れ動いていた。直接には七〇年安保闘争に向けての政治闘争であったが、いわゆる全共闘という、ゆるやかな結合体が主役となってくると、運動は政治闘争というよりも、大学改革を目指す学生反乱の様相を帯びはじめた。その反乱の渦は、やがて学生から研究者、助手、教授の一部まで巻き込んで、大学を根底から揺り動かしはじめたのである。

京都大学もその大渦に呑《の》まれた。学生寮や教養学部から始まった闘争の火の手は、またたく間に全学部に広がり、全共闘は一挙に大学構内をバリケード封鎖した。

古い大学、特に旧帝大系の大学には、学生ならずとも鋭敏に感じとるさまざまな矛盾が蓄積していた。教授を中心としたピラミッド型の組織、いわゆる講座制という強固なシステムは、学問の進歩、社会の変化に応ずる柔軟性をなくし、不動の大石のように旧態依然たる姿をアカデミズムの塔の内にひけらかしていた。そのため、一般の人々、また流動する世の様を敏感に映し出す若い学生たちにとっては、大学は摩訶《まか》不思議な存在であった。学生たちは、その強固な体制に体当たりを試みたのである。

それまでの学生紛争は、ごく一部のラディカルな学生たちが煽《あお》り立てる政治運動、反政府運動であり、イデオロギー的にいえば明確な左翼運動であった。しかし、全共闘を中軸とする運動は、全学的な大学改革運動だった。だからこそ、教授の一部までも巻き込んで燃え上がったのであろう。

学生たちに煽られる形にはなったが、若い研究者である私どもも、何とか大学をよくしようと毎日毎日真剣に話し合った。私は、助手たちの組織として助手会の結成に参加し、大学改革に私どもなりに全力を挙げて取り組もうと試みた。しかし、私どもの意図に反して、学生たちは際限なく過激になっていった。収拾に動こうにも、無期限バリケードストライキという名のもとに全学が封鎖されていたので、自由がきかなかった。教授の多くも、学生たちに追求されるのを避けて逃げ回るのみだった。

私は助手の立場で真剣に収拾の道をさぐり、発起人の一人になって、助手、講師が教授を追求する集会を開いた。学生たちの勢いはまさにとどまるところを知らず、物理的に大学を解体してしまおうとさえ叫びはじめた。教授をつるし上げる集会を、彼らは大衆団交と名づけ、何十時間も追求し続けた。教授たちが恐れをなして逃げ回るのも無理からぬことではあった。しかし私は、それが責任ある立場の人がとる態度かと、若気のいたりで腹を立てた。何といっても、教授が大学に出てこない限り、治まる道はないと考えた。そのやむにやまれぬ気持ちから、助手会主催の教授追求集会を開いたわけである。学生と教授の間に入って、正常化への足がかりを築こうという思いがそこにはあった。

私は、恩師の満田久輝教授のところへ行って、集会への参加を訴えた。先生には個人的には何の恨みもなかったが、教授である人が出てこないことには話にならなかったからである。とはいえ、助手の身分の私が教授を引っぱり出すなどということは、大変な行為であった。大学の中で、教授は圧倒的に偉かった。自分でも偉いと思っている教授が多かった。それを私は非常に醜悪な姿と見ていたが、考えてみれば、いくら教授が悪いと言いつのったところで、私自身、教授になっていく順調なコースに乗っているわけであった。そうなると、今度は自分自身も嫌《いや》になった。だから、他の同僚が心配するほどの私のラディカルぶりは、一種の自己否定でもあった。

実際、満田教授に集会参加を訴えに行ったとき、私はもう大学を辞めようと考えていた。天理に帰ってもいいんだ、それはそれで自分の救いでもあるのだから、と、私は覚悟を決めていたのである。

大学を辞める――甘えから潔さへ

しかし、教授と話し合っても、もはや収拾のきっかけにすらならなかった。

農学部の助手会といっても、教授寄りからノンポリ（無関心派）、ヘルメット組（全共闘）、日共・民青（共産党の青年組織・民主青年同盟）までいて、支離滅裂だった。ヘルメットをかぶって走り回っている同僚もいた。一般の教官であるはずの私のような者まで巻き込むのだから、そのエネルギーたるや、すさまじいものがあった。日ごろ押さえこまれている恨みつらみまでもが一挙に噴出した感じだった。大学を良くしたいと考えても、行き着くところまで行かなければ、どうにもならない状況だった。

日大と東大の全共闘が攻めてくるとかいって、学長までもがヘルメットをかぶって構内に籠城《ろうじょう》するという奇怪な出来事もあった。私もそのときは真剣になった。妻に言わせると、目の色が変わっていたというから、一種の興奮状態にあったのだろう。

私はこのときまで、研究者としての自分にまだ甘い部分を残していた。研究者として大成できないようであれば辞めて天理に帰ろうと、心のどこかで考えていた。学問の道に必死に取り組んでいる仲間から見れば、まさに甘えであったろう。

しかし、大学紛争の中で、その甘さは潔さに転化した。ノンポリの私が助手会の結成に加わり、教授追求集会まで開いたのは、大学を辞める決意が定まり、その決意の背後に「帰るべきところがある」という安心感があったからである。

実際、泥沼化した京都大学を私は辞めることになったのだ。ある意味では、責任をとったということにもなる。そして、いざ辞めようというときになって、私の脳裏にオレゴン医科大学での充実した研究生活のひとこまが、ふとよみがえった。どうせ辞めるのなら、アメリカで一からやり直そうという思いが、積乱雲のように湧《わ》き上がったのであった。天理にはいつでも帰れる、と思うと、心の深いところにまたしても「もたれ切る」安心感がきざして、二度目のアメリカ行きに対して勃然《ぼつぜん》たる勇気が湧いてきたのである。

再びアメリカへ――退路は断たれた

昭和四十四年秋――。私は学生時代の先輩、稲上正氏を頼って、テネシー州ナッシュビルに向かった。行く前には、まだ闘争中の学生たちに「敵前逃亡だ。敵前で逃亡したら銃殺刑だ」などと、口々に言われた。学生たちは、私が助手会に加わって教授追求集会などを催したものだから、味方であると思っていたらしい。私は彼らにつかまり、「先生、アメリカに行くとは何事ですか」とつるし上げられた。私にもうしろめたい気持ちがあったが、すでに退路は断たれていたのである。私はもう、アメリカに行くしかなかった。

日本を離れる際、封鎖されている大学や、そこで苦闘している先生や友人、そして、ラディカルではあるが真面目《まじめ》な学生たちのことを思うと、私は胸が痛んだ。二度と日本の大学に戻ることはあるまいと、少々感傷的にもなった。

赴任先は、バンダービルト大学医学部であった。バンダービルトというのは、アメリカの鉄道王の名前である。大陸横断鉄道などを敷設して富を築き上げた人で、晩年、その富の一部で大学を創《つく》った。それが、ナッシュビルにあるバンダービルト大学だった。

ナッシュビルは、シカゴから十時間ほど車で南下したところにあった。ミュージックシティ・イン・USAと呼ばれ、カントリー・ミュージックの本場であった。街にはレコード屋が軒を連ね、故エルビス・プレスリーの大邸宅まで車で三時間ほどだった。いわゆる南部に属するが、南北戦争では南軍勢力の最先端となった。アメリカ流に言えば、アッパーサウス（南部の南半分はディープサウスと呼ばれている）と呼ばれる地方であった。街では、いまだに南軍の旗が売られ、ちょっと田舎に行けば「ヤンキー（北部の人）はけしからん」などという人がいた。

しかし、田舎の代名詞とまで言われていたこの地方も、ちょうどそのころから、「サンシャイン地域」として人気が出はじめていた。ナッシュビルの人口は当時で三十万人。市内に大小十四の大学があるという、教育文化都市でもあった。

私の職場、バンダービルト大学医学部には、ホルモンの研究でノーベル賞を受賞したサザランド博士など、有名な研究者がきら星のごとく居並び、活発な研究が行われていた。私は、医学部の生化学教室に所属した。

農芸化学専攻の私が医学部に行くのは、畑違いのようにも見えるが、医学には基礎と臨床があって、基礎医学の分野では十分、農芸化学が役に立つのである。特に、アメリカの基礎医学界は、いろいろな分野から人材を集めていた。

人間を一つの生き物として見た場合、微生物とか動物などとの共通点がたくさんある。だから、生化学が基礎医学の重要な一分野として成り立つのである。たとえば酵素というタンパク質は、大腸菌にも人間にも、あらゆる生物に含まれている。だから、酵素の基礎研究をやっている人は、医学部でも農学部でも理学部でも働けることになる。京大、オレゴン医科大を通じて酵素の研究に従事してきた私などは、その典型であった。

「もう日本の大学には戻るまい」

ナッシュビルに着いて一カ月ぐらい経《た》ったころ、日本から送られてきた新聞で、京大に機動隊が導入されたという記事を読んだ。それによると、私がある時点まで一緒に行動してきた助手たちは全員、逮捕されていた。大学正常化のために、政府は大学臨時措置法を施行して収拾に乗り出していたが、京大もその措置法にひっかかるのを避け、自ら正常化の道を選んだのである。正常化とは、具体的には機動隊を構内に導入して封鎖を解除し、総長の退去命令に従わない者は全員逮捕することを意味していた。そのため、学生と機動隊のトラブルを防ごうとして構内に居残っていた、私のかつての仲間たちも逮捕されてしまったのであった。

しかも彼らは、なぜ逮捕されるのか分からないから、胸を張って連行されていく。教官たちが堂々と胸を張って機動隊に連れていかれる写真が、送られてきた新聞に大きく載っていた。学生の身分であればまだしも、教官が逮捕されるとなると大変なことだった。少なくとも旧態依然たる体質が残っている以上、一度経歴に傷がつくと、教授になる道は閉ざされたも同じことだった。

私は、仲間だった助手たちの将来を思い、胸を痛めた。これで絶対に京大には戻れないと思った。仲間が苦しんでいるのを見捨ててきたというやましさが、私にはあったのだ。京大だけでなく、日本の大学に戻るまいとさえ思った。もし日本に帰るようなことになっても、違う仕事に就く覚悟だった。どんな仕事でもやろうと私は考えていた。

あとはバンダービルト大学で、一切の甘えを捨て、それこそ文字どおり退路を断ち切って、研究に没頭する以外なかった。その意味で大学紛争は、私にとって大節《おおぶし》（大きな転機）となった。大節を生き節にするべく、私は酵素の研究に情熱を傾けはじめた。

研究者としてのすべてを賭ける

オレゴン医科大学での留学生活に比べ、私には度胸がすわっていた。先のことは神様にまかせ、とにかくアメリカに腰を据えようと決心した。

アメリカ社会自体も、大きな曲がり角を迎えていた。黄金の六〇年代は過ぎ去り、経済も停滞しはじめていた。ベトナム戦争の泥沼化、ウォーターゲート事件などで、アメリカの栄光は傷ついていった。その煽《あお》りを受けて、それまでは十分にあり余っていたように見えた研究費は、特別な分野を除き大幅に削減されてしまった。このままでは、科学のある分野で、アメリカは二流国になるのではないかと真顔《まがお》で語られるようになったのである。しかも、私は一回目のアメリカ生活のような「お客様」ではなく、いまやアメリカ人と競争する立場に置かれていた。

そんな中で、私は、アメリカ社会が契約によって成り立っている実力本位の社会であることを、あらためて思い知らされた。

たとえば、大学は終身雇用ではなく、講師や助教授の任期は一年から三年で、それが終わればいつでも首を切られる。幸い昇任して、准教授（アソシエイト・プロフェッサー）以上になれば、一応身分は保障してくれるが、給与は全額は保証されない。特に、有名私立大学の医学部は厳しく、大学が保証するのは給料の二〜五割である。残りは、自分の研究費からまかなうのである。自分の研究費は、決して自動的に入ってくるのではなく、大変なエネルギーを費やして研究費の申請書を書き上げ、多くの競争者に打ち勝って、ようやく獲得できるものなのだ。もちろん、この研究費の獲得のためには、申請書に書いてある研究に関係のあるこれまでの業績、しかも最近の業績が必要である。昔、ノーベル賞をもらったとか、良い研究をしたというようなものでは認めてもらえない。

したがって、アメリカの研究費は、自分の給料をはじめ、助手、秘書などの給料が大部分を占める。研究費が獲得できるかどうかは、まさに自分のすべてを賭《か》けた死活問題である。若くて、有能で、幸運に恵まれた人は、大きな研究費を獲得し、どんどん良い仕事をして、先輩や、ときには自分の先生を追い越して、非常に若くして正教授になれる。仕事ができなければ、どんどん追い越されていくばかりか、さらに落ちていってしまう。

これがアメリカ流の「公平」であり、そのため教室でも、教師と学生の間には、競争を前提とした一種の緊張関係が存在する。教授も、三年か五年ごとに入学試験を受けているようなものなのである。前にも少しふれたが、アメリカの科学の進歩は、それぞれの研究者の能力と情熱や執念のほかに、このような制度に負っている部分が大きい。

もちろん、この制度にも欠点があり、いつでも競争に勝たねば生き残れないという社会は、全体として見れば不必要な緊張や無駄を生んでいる場合も多い。たとえば、研究費獲得のためにデータを捏造《ねつぞう》するような事件が毎年起こる。

だが、私はこの激しい競争社会で、自分が研究者としてどこまでやれるか試してみることにした。自信があるわけではなかったが、退路を断った私には、もはやこれしか道はなかった。ナッシュビルには七年いたが、この七年に及ぶナッシュビルでの生活が、私を大きく変身させる原動力となった。そのきっかけは、良い研究テーマに偶然出会うことから始まった。それは、血圧の調節に重要な役割を演ずる「酵素レニン」に関する研究であった。

昇圧酵素「レニン」との出会い

私の属している生化学教室に、S・コーエンという有名な教授（一九八六年、ノーベル賞受賞）がいた。コーエン教授は、ハツカネズミの眼を早く開かせるような作用を持つ成長促進因子を、雄ハツカネズミの唾液腺《だえきせん》（顎下腺《がくかせん》）から純化して、その性質を調べる仕事を長年続けてきた。

この因子は、アミノ酸が五十三個連なったホルモンの一種で、「ＥＧＦ」と呼ばれており、発ガン機構との関係で最近注目をあびている。ある日、コーエン教授が、大変興奮して私どもの研究室に入ってきて、「純化したホルモン（ＥＧＦ）をごく少量ネズミに注射したところ、血圧の上昇がみられた」と、早口にしゃべりはじめた。そして彼は、私どもと一緒にこの新しい仕事をしようと提案した。私も、血圧を上昇させる新しい物質に強い興味を抱き、さっそく共同研究に取りかかった。

まず、コーエン教授の純化したホルモンが、本当に血圧上昇作用を持っているかどうかを厳密に確かめる実験に取りかかった。そして半年後、雄ハツカネズミ顎下腺から、血圧上昇作用を持つ物質を純粋に取り出し、結晶化することに成功した。ところが、この物質は、コーエン教授が予想していたホルモンとは全く別物であった。彼が純粋であると信じていたホルモンの中に、全体の千分の一程度、血圧上昇物質がまじっていたのである。この物質は、非常に微量で強い血圧上昇作用を持つため、コーエン教授もとんだ勘違いをしていたのである。

この物質は、十億分の一グラムというごく微量で、数時間もの間、血圧上昇を持続した。そして、この物質は、昔から「レニン」と呼ばれていた腎臓の酵素に大変よく似ていた。そこで私どもは、この物質を「顎下腺レニン」と名づけた。これは、コーエン教授の勘違いのおかげで、初めて純粋な形で取り出されたのである。

これが、私と、血圧・水分・塩分などのコントロールに重要な役割を演ずる「酵素レニン」との最初の出会いである。私は、農学部農芸化学科の出身だから、酵素やタンパク質の一般的なことはひと通り知っていたが、この、レニンという興味ある酵素については、それまで全く知らなかった。この酵素は、自分では直接手を下さず、自分の作ったホルモンを使って血圧を上げさせるという黒幕的存在で、名前を覚えていただくために、レーニンの子分レニンと呼んだりしている。

出会いの不思議

人生も研究も出会いが大切だが、レニンとの出会いは実に不思議な縁だった。レニンとの出会いが、これからのちの私の研究生活を大きく規定していったことを考えれば、私はそこに何らかの導き、引き寄せの大きな力を感じざるを得なかった。

実をいえば、科学の世界には、偶然に類した出会いがいっぱいある。いやむしろ、科学上の大きな発見や進歩の大半が、偶然の出会いから始まっているといっても過言ではない。ノーベル賞受賞者は、みな多かれ少なかれ幸運である。最近の例を挙げるなら、百数十億年前の、宇宙の始まりの大爆発（ビッグバン）の証拠を見つけて、一九七八年にノーベル物理学賞を受賞したペンジャスとウィルソンの発見は、全く偶然から始まった。

問題は、その偶然を偶然とは思わず、人間を超えた力による導き、引き寄せと感じ取れる感性を持っているかどうかである。天理教の教えに則して考えた場合、運が良いということは、神様にそのように出会わせてもらったということである。そう悟り取る謙虚さがあれば、偶然の出会いをきっかけとして、運命を大きく切り換えていく意気込みも生まれてくる。

私とレニンの出会いは、もともとコーエン教授の勘違いから生まれたものだ。そこから考えても、私は、この出会いに不思議を感じないわけにはいかなかった。実際、私は、この出会いにピンとくるものを感じていた。ひょっとしたら、レニンの研究が私の一生を決めてしまうかもしれないとまで予感した。レニンの研究は、実に面白そうに、そのときの私には思えたのである。

それまで私は、他のさまざまな酵素については勉強したり研究を重ねたりしてきたが、レニンについてはほとんど知らなかった。もちろん、レニン酵素の正体を探る研究に、数多くの学者たちが失敗してきたという事実も知らなかった。しかし、この「知らない」ことが、かえって幸いしたのであった。レニン研究の歩みや、レニンを純粋にする困難さなどについて、少しでも聞きかじっていたなら、「こんなやっかいな研究には関わらないでおこう」と、最初から投げていたに違いないのである。

新しい研究に入る際、余計なことは「知らない」ということも意外と重要なのである。よく勉強して何でも知っている人は、新研究に対して臆病《おくびょう》になりやすい。たとえば、ある立派な研究グループが全力で取り組んでいても容易にできないという研究テーマがあるとする。その事実を知っていたとすると、普通の場合、同じ研究に取り組むことには二の足を踏むだろう。知らなければ、「知らぬが仏」のことわざどおり、さほど臆せず取りかかることができるものなのである。

悪名高き酵素

さて、こうして研究に本格的に取り組みはじめたのだが、この顎下腺レニンの仕事は、医学界では反響を呼ばなかった。なぜなら、顎下腺で作られるレニンが生体内でどのような働きをしているかが、全く分からなかったからである。

レニンという酵素は、普通、腎臓で作られ、それが血中に出て働くと考えられている。そのレニンが、顎下腺でも作られていることは不思議であった。顎下腺は、主として唾液を作り出す場所と考えられており、生理的な状態で、顎下腺から血中へ、このレニンが放出されているかどうかも明らかでない。唾液の中に含まれているので、消化酵素かとも考えられたことがあったが、レニンはそのような働きは全く持っていなかった。

そこで、私たちはまず、雄ハツカネズミの顎下腺レニンの含量を、生後から成熟期まで測定してみた。その結果、生後一週間目では含量はきわめて少ないが、成熟するにつれて猛烈な勢いで増加し、六週目にはレニン含量が一週目の一千万倍に達することが分かった。

この時期には、顎下腺全タンパク質の約四十分の一がレニンである。そして、不思議なことに顎下腺レニンは、ハツカネズミ以外ではほとんど検出されないのである。一体、ハツカネズミの顎下腺レニンは、生体内で何をしているのであろうか？　その後、ごく最近になって、雄ハツカネズミを怒らせると、この顎下腺レニンが血中に大量に放出されることが分かった。しかし、ごく普通の生理的な条件下では、顎下腺レニンが血圧コントロールに関係しているとは考えにくいのである。

レニン研究の本命は、生理作用のはっきりしている腎臓内のレニンである。そこで私どもは、研究の材料を顎下腺から腎臓へ替えることにした。

生体内に含まれている物質の性質を完全に明らかにするには、そのものを純粋に取り出し、その成分や性質を分析しなければならない。レニンについても当然同じことで、レニンを腎臓から取り出さなければならない。

しかし、それは困難であった。その理由の一つは、レニンが腎臓の中に極端に少ないことである。腎臓の中には、レニンが全体の重さの十億分の一しか存在しない。

腎臓の中には、レニンのようなタンパク質のほかに、水分、脂肪なども含まれている。タンパク質と他の成分との分離は容易であるが、互いに似た性質を持つタンパク質や酵素の中から、レニンという酵素だけを分離するのは大変むずかしい。計算によれば、十万個以上のタンパク質の中から、ただ一個のレニンを選ぶ技術がなければ、レニンを純粋にすることは不可能である。これはちょうど、十万人の中からただ一人を選ぶのと同じむずかしさである。

さらに、このレニンの純粋化を困難にしているのは、レニンの純度が上がっていくにつれ、不安定になることである。含まれている量が非常に少ないうえに不安定であるというのは、酵素の純粋化にとっては最悪の条件であり、多くの研究者が、レニンの純粋化に挑戦しながら成功しなかったのも無理からぬことであった。その意味でも、レニンは悪名高い酵素であった。

「おとり作戦」

私どもの研究も、いままでの他の研究者と同じように悪戦苦闘の展開となった。どんなに頑張っても腎臓内のレニンを純粋にすることはできなかった。

しかし、ちょうどそのころ、幸いにもタンパク質や酵素を純粋にする新しい方法が登場しつつあった。

その方法の原理は簡単で、おとりを使って目的物をおびき寄せる方法である。純粋化しようとするタンパク質と特別に親和性のある「おとり物質」を探してきて、このおとりを不溶性の担体に結合させ、この担体をつめた特殊なガラス製の円筒型容器を作る。この容器の上から、目的物質（私どもの場合はレニン）も含む腎臓の抽出《ちゅうしゅつ》液を流すと、大部分の不純物はこの「おとり」とは結合せず、目的物だけが結合する。次に、いったん結合した目的物を容器から離すことにより、一挙に純化を進める。

この「おとり作戦」は、原理は簡単なのだが、実際にやってみるとそう簡単にはいかなかった。まず、目的物質とおとりとの親和性の強さが問題である。この親和性が弱すぎると、おとりに目的物は結合せず、容器を素通りする。逆に、親和性が強すぎると、両者は結合するが、おとりから目的物を引き離すのが大変である。

この「おとり作戦」は、分かりやすいたとえを用いて説明すると、次のようなことになる。

まず、十万人の中からある一人の人（目的物）を見つけ出す場合のことを考えてみよう。その人間を見つけ出すのは容易ではないから、その人間と仲の良い人、またはすんなり溶け込めるようなグループを用意して、そこを十万人の人々に通過させるのである。すると、目的とする人は、仲の良い人、またはすんなり溶け込めるようなグループに引き寄せられる。そこで今度は、目的とする人と一緒になった人、またはグループを取り出し、一挙に目的とする人を選び出すのである。この場合、目的とする人と仲の良い人、もしくはグループが「おとり」となっている。

もう一つ、ある若い男の子が、一人の女の子と会いたがっているような状況を思い描いてみよう。その女の子は、なかなか会ってはくれないのである。そこで男の子は一計を案じた。その女の子と仲の良い女の子に頼み、その女の子を呼び寄せてもらうのである。呼び出しに応じて、目的の女の子が仲の良い女の子のもとにやって来たところを、男の子は二人まとめてつかまえ、さて今度は、目的の女の子だけを切り離すのである。

これは例がよくないかもしれないが、「おとり作戦」の原理とは、要するにこういうことだ。

目的物質とおとりとの親和性の強さとは、この例で言うなら、目的としている女の子と、その友達である女の子がどれぐらい仲が良いかの度合いみたいなもので、あまりに仲が良すぎると、引き離しにくい。逆に、仲が悪かったら、おとりの役にはならない。

ということで、おとりになる物質は、親和力が強すぎもせず、弱すぎもしないもの、すなわち中庸《ちゅうよう》が肝心となってくる。ところが、こうした条件にあてはまる物質はなかなかないのである。

世界にさきがけレニンの純化に成功

私どもは毎日毎日、ほぼ一年にわたって、おとり探しに明け暮れた。そして、適当な物、たとえばレニンの阻害剤（レニンの働きを阻害する物質）や基質（レニンによって特異的に分解される物質）と似た物質を探してきては、それを化学的に担体に結合させ、その効果をテストする毎日が続いた。しかし、なかなか目的にかなうものはできず、半年ぐらいが過ぎた。そして、ある一つの新しいおとりに出会った。

この物質の構造式はレニンの基質とよく似ているので、レニンのおとりとして使えるのではないかと私どもは直観した。さっそく試してみると、うまくいきそうである。

そこで、ブタ数百頭分の腎臓（二四キログラム）をすりつぶして、前処理をした後、このおとりを含んだ容器を通過させた。そして、ほとんどのタンパク質を素通りさせた後、おとりに吸着されているレニンを一気に出す新しい方法と、従来の方法とを組み合わせ、腎臓からレニンを初めて純粋な形で取り出すことに成功した。レニンが発見されてから、七十年余り経っていた。私は、レニンの最終標本が純粋であることの証拠を手にしたこのとき（一九七五年）の感激を、いまでも鮮明に記憶している。

実をいうと、この画期的な成功をもたらしたおとり物質との出会いも、まさに偶然だった。一年余にわたって毎日毎日、おとりになりそうな物質を探し続けたことは前にもふれたが、「こりゃだめかな」と音《ね》をあげる間際になって、日本からある人がたまたま、おとりになる物質を持ってきてくれたのである。その人は、私たちの研究を知って「おとり物質」を持ってきたわけではなかった。本当に偶然に、その物質がおとりとして最適であることが分かったのである。なんというタイミングのよさかと、私はびっくりしたが、こうした出会いの妙が、レニン研究を画期的に前進させたことはありがたいことであった。

新生「筑波大学」への誘い

コーエン教授の勘違い、そして「おとり物質」との出会い――不思議な引き合わせが重なって、私はアメリカでようやく花が咲きはじめた。一九七五年ごろのことである。大学での処遇も俄然《がぜん》よくなって、私は助教授に昇格した。レニン研究の成果がニュースになったりもした。そうなると、周囲の人の対応まで変わってきた。人間というものはいいかげんだと思うのだが、それまで「おまえは英語がヘタだからクビだ」と悪態をついていた人までもが、手のひらを返したように「おまえはこの大学にとって非常に大切だ」などと言いだす始末であった。

しかし、人生の転換点は、ナッシュビルで花咲こうとしていた私の前にまた再び、突然に現れた。京都大学の私の恩師、満田久輝先生から、「筑波大学という新しいアメリカ的な大学をつくる話があるから、帰ってこないか」という話が舞い込んだのである。

満田先生といえば、京大紛争のときに、私どもが中心になって追求した人であるから、普通の感覚からいえば就職の世話などしてもらえる道理はないはずだった。しかし、先生はそうしたことにこだわりを持たない人柄だった。

一度、アメリカへ来られたことがあった。京大で指導を受けたことのある研究者五人が集まって、先生を囲み、同窓会をやるという話だった。わざわざ私にまで声をかけてくださった、と感激して先生に会いに行くと、先生は、「よう来てくれた。昔のことは昔のことや。自分も若かったらあれぐらいやるで」と、逆に励ましてくださった。その言葉に、私はまたまた感激した。つるし上げの先頭に立った私を呼んでくださったばかりか、「若かったら自分もやる」とまでおっしゃってくださったのである。そのとき私は、「この先生に一生師事したい」と本気で思ったものだった。

その満田先生が、今度は「日本で新しい構想の大学をつくるから」と声をかけてくださったのである。簡単に断るわけにはいかなかった。

しかし、当時の私は仕事も軌道に乗り、アメリカでの永住権もとり、ナッシュビルに家も買って長期滞在の覚悟を決めていた。レニンという酵素を「おとり作戦」で純粋に取り出すことに成功し、研究に自信を深めていた矢先だった。

ところが、満田先生の声がかかってからは、〝長期滞在〟の決意にもゆらぎが生じはじめたのである。恩師の声にそむくのを潔しとしない点もあったが、私自身の心の中で、アメリカ生活の将来に対して微妙な不安がきざした、と言ったほうが妥当かもしれない。

私は、レニン研究の功績が認められ助教授になっていたが、研究生活の厳しさには何ら変わりはなかった。教授になろうと、ノーベル賞をとろうと、その厳しさは変わらないだろうと思われた。アメリカ社会とは、前にも述べたように実力一本槍《やり》の競争社会だからであった。

厳しさは自分を成長させる糧《かて》になるだろうとは考えたが、一生、そのプレッシャーの中で生きていくのはどうだろうかと私は思った。周囲を見回すと、アメリカで研究生活を続けている日本人学者のほとんどが、年を取るにつれて望郷の念をふくらませているのだった。どんなに立派な研究をしている人でも、日本の学校教育を終えてくれば、中身はどうしても日本人であった。いくら英語がベラベラしゃべれても、大教授になっても、中身は生《き》っ粋《すい》の日本人なのであった。

心は徐々に日本へ動いた。満田先生の呼びかけに応えさせていただこうと思った。しかし、筑波大学はこれからつくり上げられていく大学である。アメリカで蓄積したすべてを捨てていくことには大きな不安があった。二十代の私なら、それでもよしとしたであろうが、そのとき私は四十代に入っていた。そして、一応の研究成果をたずさえていた。現実的な対応を考えざるを得なかった。

研究室の教授も「日本でだめなら、もう一度アメリカに戻ってこい」と言ってくれた。私はその言葉に甘え、バンダービルト大学にも籍を置きながら筑波大学に行くことを決めた。ナッシュビルに買った土地千坪つきの家も、手をつけずにそのまま残した。そして、一九七六年の三月末、私は妻をナッシュビルに置いたまま、単身筑波へ向かった。

三十四歳でバンダービルト大学にやって来て七年。二度と日本に戻らぬ決意で、私はアメリカの厳しい研究生活に溶け込もうと努めた。生涯、一研究者として生きようと心をひとすじに定めたのも、このバンダービルトでだった。そして、偶然の出会いからレニンを知り、そのとりこになった。たび重なる幸運な出会いでレニン純化の「おとり物質」を見つけ出し、世界にさきがけてレニンの純化・精製に成功した。まさに順風満帆の充実した七年間だった。

「いんねん寄せて守護する」――偶然の背後にあるもの

私はこれまで、たびたび「出会い」という言葉を使ってきた。偶然の出会い、幸運な出会いに恵まれて、研究者の道が確固たるものになっていったのだと紹介した。しかし、こうしたさまざまな出会いも、お道の教えに照らして思案してみるなら、必然性があったということになるのであろう。私たちが、思わぬ不幸とか言っているのは、私たちの視野が狭く、今生のことしか分からぬからではないだろうか。人間は、身体と心からできていると一般に言われているが、そのほかに、通常ほとんど意識されない精神の深部に、魂と呼ばれるものがある。これは今生一代限りでなく、過去・現在・未来を貫く時間の中で、永遠に生き通しであると教えられている（人間の死は古着を脱ぎ捨てるようなもので、出直《でなお》しといい、また新しい着物を借りてこの世に出直してくると教えられている）が、このことが本当に納得されれば、私たちの視点はがらりと変わってくる。

　こうした認識があれば、人生途上での出会いも、過去・現在・未来をつなぐ時間の中に、その必然性が刻み込まれる。つまり、何かの出来事、ある人、ある物と出会うのも、そうなる必然性があったからなのであって、教えのうえから言えば、いんねん（過去の事柄と深い関わりがあって現在の姿があること）のなせるわざであろう。そして、親神様は、いんねんを寄せて守護すると仰せくださっている。さらに、個人のいんねんのほかに、人間全体としてのいんねんもある。この世の元初《もとはじ》まりのとき、親神様は、人間の陽気ぐらしをするのを見て共に楽しみたいと思召《おぼしめ》されて、人間を創造されたと聞かせていただくので、人間はすべて、陽気ぐらしをするいんねんがある。つまり、人間は本来、陽気ぐらしができるように造られている。これを、〝元のいんねん〟とお道では言っているようだ。

京大の恩師、満田先生との出会い、京大紛争との出会い、バンダービルト大学との出会い、先輩・稲上正教授との出会い、コーエン教授との出会い、そしてレニンとの出会い……私の人生の転機を形づくった出会いの数々は、それぞれの時には分からなかったが、いまになって思案してみると、単なる偶然の積み重ねではない。そして、この出会いの多くは、最初から恵まれた条件を備えて立ち現れてきたのではなく、厳しい試練の相貌《そうぼう》をもって眼前に立ちふさがったものも多かった。しかし、それをがっちりと受けとめ、前進と飛躍の台に転化できたのは、「いんねん寄せて守護する」という真実の親（親神様のこと）の教えが、胸の奥に、ささやかながらも息づいていたからこそであった。

へこたれることはない、親神様は必ずお連れ通りくださるのだ、と、私は「ふし」のさなかでいつも思った。その「もたれ切る心」が、本当に幸いした。そして、大いなる親のふところに生かされている実感をつかむと、悪い条件の出会いも、やがては素晴らしい出会いへと姿を変えた。レニンとの出会いも、まさしくそうだった。科学の現場に「いんねん」を採り入れたりすると、合理主義的な思考を旨とする人々からは軽薄と言われるかもしれないが、私はどんな研究の場にも、お道の教えは脈々と息づいているのだと信じている。レニン純化の凄絶《せいぜつ》な歩みを支えたのは、いつの場合も、お道の明るい教えだった。

私は、こうした自分のささやかな体験を、お道の若い人たちに伝えたいと願っている。社会のどんな分野でも教えは生きるのだ。教祖の教えに基づいて仕事を進め、人と和し、前進していくならば、成功が待ち受けている。私はそれを訴えたいのである。

一九七六年の早春、私は筑波に最初の一歩を印《しる》した。新生筑波大学で、一体何ができるだろうか——。研究学園都市といっても、当時の筑波は、まだ一面に田んぼが広がり、大学校舎が場違いのようにポツンと建っているだけだった。まさか、この田んぼのまん中に、巨大な学園都市が出来上がるとは、想像もできなかった。

お道では、ちょうど教祖九十年祭の年だった。私はこのあと、百年祭活動のまっただ中で、困難な研究に取り組むことになる。レニンの研究に、私はすべてを注ぎ込むことになったのである。

三年千日——筑波大学創立十周年と教祖百年祭を目指して

「日本の科学の中心に」

大望抱いて、といえば格好がよいが、一応は大きな志をもって筑波にやって来た私であったから、田んぼばかりの〝研究学園都市〟に少々がっかりした。だまされたのかとさえ思う始末だった。来る前には、「国際的な大学をつくる」とか「国立研究機関を集めて日本最大の頭脳都市にする」だとか、景気のいい話ばかりを聞いていたせいもあったろう。

事実、政府の構想はそうしたものであり、工事も進みだしてはいた。しかし、私が着任したころはまだまだ草創期で、食事をする店さえなかった。

こんなありさまだから、大学にはまだまともな実験室が完成していなかった。ということは、実験化学を専門とする私などには、全く研究の場がない

第三章　やり切る心

——私の百年祭

ということになる。事実、レニン研究は先へ進めなかった。これでは、せっかく咲きはじめた花が枯れてしまうと危機感を持った私は、七、八、九、十の四カ月間は、夏休み等を活用してバンダービルト大学へ戻った。そして、レニン研究をその四カ月間で一年分やり、また筑波に舞い戻った。旅費は自腹であった。次の年も同じように二カ月間アメリカへ行き、朝から晩まで研究に取り組んだ。期限が来ると、筑波に帰った。

そうこうするうちに、筑波も政府の構想どおりに充実してきた。種々の研究所、機関が次々と建ち、「日本の科学の中心に」というかけ声は決して夢物語ではなくなってきた。筑波大学の陣容も、施設、人の両面で整ってきていた。

これならアメリカに行かなくても、ここで研究ができる、と私は思った。よし、一つ日本でやってみよう、筑波大学という田舎大学を国際的な大学にするため頑張ろう、と決めた。

そしてまた、ここでも私の生き方の転機に重大な影響を与える人との出会いがあった。福田信之副学長（三代学長）との出会いである。福田先生は、ノーベル物理学賞を受賞した朝永振一郎先生の弟子にあたり、学者としても高名だった。しかし、福田先生はあるとき敢然と方向転換し、筑波研究学園都市の建設にすべてを注ぎ込んだ。従来の日本の大学ではもうだめだ、とにかくこれまでにない新しい大学をつくるんだと、先生は素晴らしい情熱を燃やしておられた。そのほかにも、新しい大学をつくる事業に献身的に取り組んでいる多くの人々がおられた。私は、その情熱にほだされて、筑波大学の建設にひと役買おうと思ったのである。

幸い、日本全体に経済力がついてきて、前にも述べたように、アメリカに行かなくても十分仕事ができるようになっていた。すでに、筑波研究学園都市の諸機関には、世界でも一流の実験機器が揃《そろ》っていた。来た当初は不安だった私も、もうこうなれば腹を決めてしかるべきだった。ここで仕事ができなければばうそだ、とさえ思いはじめた。

政府としても、将来の日本の産業構造と科学技術を見すえて、筑波研究学園都市の建設に一兆数千億円の投資をしていた。国民一人あたり、一万数千円の投資である。これだけの莫大な国家投資に、渦中にいるわれわれが報いるのでなければ、一体誰《だれ》が報いるのか、と私は思った。天理教の教えでいうなら、受けた恩は返さなければならない。恩をこうむる一方では恩づまりになると、私は小さいころから教えられて育ったから、この筑波で恩返しを実行しようと思った。

声は肥――可能となった研究と管理運営の両立

レニン研究とともに、学生たちに講義を行い、私は再びあわただしい毎日を送りはじめた。そして、筑波大学にやって来て三年が過ぎ去った昭和五十四年、私は大学の企画調査室員に任ぜられた。

企画調査室というのは、大学の理念や教育・研究に関わる運営などの改善について調査し、企画・立案し、方向性を打ち出していくとともに、大学運営全般に関して恒常的にチェックしていく機関で、おそらく日本では筑波大学にしかない。新しい構想のもとに、一からつくり出された大学であるから、こうしたチェック・アンド・レビューの機関が絶対に必要だったのである。本当のことを言えば、どの大学にもこうした専任機関が必要なのである。これはいわば参謀本部であり、総合戦略センターでもある。学長に直結したこの特設機関で、大学の未来像も話し合われ、現実の大学運営に生かされていくのである。

企画調査室員になってから大変忙しくなったが、そのおかげで私の視野は大きく拡大し、大学全体のことを真剣に考えるようになった。そして、昭和五十八年四月には、企画調査室長になってくれないかとの打診が上司からあった。全く予想もしていなかったので、これにはびっくりした。企画調査室長は、学長・副学長会議の正式のメンバーであり、学内の重要な会議にはほとんど顔を出す、大学の重要なポストである。それを若輩の私が務められるとはとても思えなかったし、そのうえ、筑波大学での研究が軌道に乗ったところである。教育・研究と大学の管理職との両立は、不可能であるように思えた。それぞれの仕事が、片手間でできるようなものではない。私は、先輩の先生や友人に相談した。いずれも、両立は無理だというのが結論だった。

そのとき、私はまたしても天理教の教会のことを思い出した。教会長は、自分のあずかる教会のほかに、上級教会や本部の仕事などを兼ねておられる方が多い。自分のこと、自分があずかっている教会のことをあまりかえりみず、他のことのために多くの労力を割いておられる。それでも、多くの人が立派に両立させておられるではないか。せっかく上司から声をかけていただいたのだ。「声は肥」と聞かされている。できるかどうかはよく分からないが、よし、その声に応えてみよう、と決心した。そして、私の研究室と企画調査室の両方の人々に、次のように頼んだ。

「大変むずかしいことは承知しているが、どうにかして、教育・研究と大学の企画調査室の仕事を両立させたい。大学の教育・研究の現場にいながら、大学の管理運営の仕事に携わることに意義があると思う。そのために、皆さまの協力をぜひお願いします」

そして、私は実質的な権限を大幅に委譲し、責任は一切私がとることにした。さらに私は、倍の働きをしようと誓った。この結果、多くの人々の献身的協力のおかげもあって、不可能に思われた仕事の両立が可能となった。それどころか、以前にもまして、私どもの研究が活発になった。そのことは、それ以下に述べるとおりであるが、全く不思議なことである。

話は少し前後するが、企画調査室長になる少し前から、大学では、大学創立十周年（昭和五十八年十月）の記念事業に何をやるか、話し合われだしていた。私は、十周年記念委員にも任ぜられた。

心定め——三年で世界に問える研究成果を

その記念委員会の席上で、私は次のような提案をした。

「大学が世に問えるものといえば、教育か研究しかない。教育の面で、わが筑波大学はいろいろ新しい試みをしているが、その成果は、そう簡単に目に見えて挙がるものではない。しかし研究は、三年ぐらいをひと区切りとして全力を傾注すれば、成果が挙がる。だから、大学のどの部門でもよいから、世に問えるような研究成果を出したらどうだろうか」

この提案は委員全員に受け入れられ、では、どこの研究室から誰が出すかということになった。その後、話し合いの場の結論は、「誰ということなく、全学で取り組もう」ということに落ち着いたのだが、私は提案者の一人でもあるから、絶対に自分の研究室から成果を出そうと決心した。みんなの前では公言しなかったが、学長のところへ行って、「筑波十周年という一つの区切りに、研究のうえで世に問える成果、できれば世界に問える成果を出そうということになりました。ついては、私の研究室からそういうものを出す決意です」と伝えると、学長は大いに喜んでくれた。

信仰のうえから言えば、ちょうどそのころ、本格的に教祖百年祭活動がいわれだした。年祭活動は、単に教祖の偉大さや、そのお徳をしのぶためだけに行われるのではない。特に、年祭前の三年千日をひと区切りとして、全力を傾けて信仰的成長を行い、その姿を教祖にお見せして喜んでいただくためのものだと思う。信仰的には、教祖はご存命でお働きくださっており（教祖存命の理という）、今度の年祭は、百年に一度のまたとない飛躍のチャンスである。しかも筑波大学では、大きな研究に取り組める体制が出来上がっていた。百年祭活動と、筑波大学十周年記念事業が、見事に立て合ったのである。「よし、この旬に、三年千日と日を仕切って、世界に問える研究成果を挙げよう」と、私は心を決めたのである。学長にその心定めを公言した以上、もはやあとには引けなかった。

合図立て合い——恩返しと飛躍の旬

お道では「合図立て合い」という表現をよく使う。さまざまな事象が、同時期に重なって起きることをいうのだが、信仰的には、それぞれの事象は一つの旬の理（大切な時期に込められた親神様の思い）の現れであって、相互に密接に関連し合っていることを意味する。たとえば、ある人が会社を辞めたと同時に病気になれば、これも一種の「合図立て合い」である。信仰者は、辞職という人生の一大転機と、病気という肉体上の転機が立て合って起きたことに、親神様の「合図＝メッセージ」を読み取って、心を入れ替える努力をしていくわけである。

私の場合、筑波大学創立十周年と教祖百年祭が合図立て合ったと考えたのである。ほかの人には何のことか皆目分からないであろうが、これは筑波の中で私だけが知っていればよいことであった。そして、何事か成し遂げた後に、そのエネルギーの秘密を人に問われたとき、お道の教えを溶かし込んで説明すればよいことであった。

そしてまた、「合図立て合い」は、何事かに全力を挙げて取り組む格好のチャンスなのでもある。立て合って起きてくる出来事相互には、その出来事をきっかけとして当事者を成人（陽気ぐらしが味わえる心の人間に成長すること）させてやろうという、親神様の深い思惑がメッセージとして隠されているからである。だから、そのメッセージを読み取るなら、立て合って現れてきた出来事を生き節《ぶし》（チャンス）として、一歩も二歩も前進できるのである。

筑波大学十周年と教祖百年祭の旬の立て合いは、私にとっては筑波大学のために恩返しができる旬であり、また、私個人の研究を画期的に飛躍させる旬でもあった。しかも同時に、研究上の成果を通じて、百年祭活動に科学の分野で役立とうと心定めする旬でもあった。だからこそ、私は不思議なくらい勇めたのであった。

「一手一つ」の精神

私は、学長に自分の心定めを打ち明けたのち、研究室で早速、学生たちに事の成り行きを話した。私の研究室には当時三十人の研究生、四年生、大学院生がいたが、みんなを前に私は訴えかけた。

「これから三年をひと区切りに、筑波大学創立十周年を目指して力を合わせ頑張ってみよう。みんなで力を合わせれば、相当のことができるはずだ。うちの研究室にはホームランバッターはいないけれど、シングルヒットを打てるバッターは揃っている。とにかくまず、一塁へ出よう。三十人全員が一塁に出れば何点入るか分からない。ホームランを何本も打ったことになるではないか。わが筑波大学は、国際的な大学になることを目指している。国際的な大学とは、国際的な研究業績が出せる大学のことだ。その業績をうちの研究室から出してみようじゃないか」

　私はこの言葉の中に、お道でいう「三年千日」（教祖の通られた五十年のひながたの道を、せめて三年千日通れば、大きな喜びの姿を見ることができると教えられる）と「一手一つ」の精神を込めた。心を一つに揃え、三年千日、一手一つに頑張るならば、百年祭の旬の理を受けて、必ずや研究成果が出せると信じたのである。私は、研究室の一手一つの努力のうえに見せていただける研究成果を、百年祭へのお供えにしたいと心から願ったのである。

ウシ三万五千頭分の脳下垂体

さて、私どもが三年と仕切って、わき目もふらず取り組もうと考えた研究とは、もちろんレニンの純化・精製から、ヒト・レニンの構造解明を目指す研究である。レニンは、人体内で血圧の上昇に密接な関わりを持つといわれていたから、より分かりやすく言うならば、私どもの研究は、「人間はなぜ高血圧になるのか」を解明するのが目的であった。

前章でもふれたが、レニン酵素はもともと腎臓にあるわけだが、一九七八年に至って、脳の中にもレニンがあって血圧上昇の系を形づくっていることが、私どもの研究室の広瀬茂久博士らによって明らかにされた。そこで私どもは、脳レニンの正体を解明するため、レニンを完全に純化しようと考えた。状況証拠でいくら「脳の中にもレニンがある」と言っても、最終的にはレニンを脳の中から取り出して見せないことには、誰も信用してくれないからである。

私どもは、ウシの脳にある脳下垂体というホルモンの小さな袋から、レニンを取り出すことにした。私の計算では、レニンの働きの仕組みを知るためには、純粋なレニンが一グラムの千分の一、つまり一ミリグラムは最低でも必要だった。しかし、レニンの含量というのは、気が遠くなるほどの微量である。わずか一ミリグラムの純粋レニンを取り出すのに、三万頭から四万頭分のウシの脳下垂体が必要なのであった。

ウシ三万から四万頭。そんなに大量のウシは、一体どこへ行ったら手に入るのか。いや、別にウシの体全部を必要とするわけではない、三万から四万頭分の脳下垂体が手に入ればいいのだ——。それには、死んだウシが大量に保存されているところへ行けばよい。そして、そんな場所というのは、読者の皆さんもお分かりだろうが、食肉センターしかない。そこで私どもは、東京・芝浦の食肉センターにねらいをつけた。

私は自ら芝浦の食肉センターに出向いて、「ウシの脳下垂体を四万頭分下さい」と係の人に頼んだ。しかし、そのおじさんは「先生、そりゃ無理ですよ」と、頭から相手にしてくれない。おじさんにしてみれば、レニンのことなど何も知らないから、「何と奇妙なことを言う人だ。大学の先生っていうのは変わり者が多いな」とでも思ったのではないだろうか。

だが、私どもの研究にとってレニンが含まれている脳下垂体は、なくてはならない材料である。材料がなくては何の実験もできない。そこで私は、その後何回となく筑波から東京・芝浦に出向き、「ウシの脳下垂体を四万頭分下さい」と、食肉センターのおじさんに平身低頭頼み込んだ。初めのうちはけんもほろろだったおじさんが、次第に応対がやわらかくなってきた。そしてついに、おじさんは「分かりました」と申し出を受けてくれた。破顔一笑、おじさんは、「大学の先生にこれだけ頭を下げられたんじゃ、断れねえや」と私に言った。

話はついた。ウシ三万五千頭分の脳下垂体が手に入る見通しがついたのである。筑波から何回となく通いつめたおかげだった。そして、そんなことができたのも、「日参《にっさん》」という言葉と、その心を知っていたおかげだった。

〝日参〟の効能

教会への日参、そして、おぢばへの日参。それがどれほど大切な信仰実践かということについては、おぢば育ちの私は、いやというほど聞かされていた。日参は「つなぎ」であり、また、どうでもの精神の具体的な発露である。効率を第一に考えたり、要領よくやることを旨としていたのでは、とても日参はできない。妙なプライドもかなぐり捨てねばならない。あくまでも愚直に、心をアホにして、純粋に日参を続けるうちに、その意味は見えてくる。

信仰のうえから言えば、日参の対象は親神様であり、存命の教祖（教祖は姿はかくしても、いまも存命のままぢばに留まり、生前同様働かれているという信仰が貫かれている）であるから、目に見えるものではない。しかし、私が食肉センターに〝日参〟した行いも、たとえ相手がおじさんだったにしても、そのおじさんの心を動かす目に見えぬ大いなる力を信じていたという点で、かなり信仰的な日参に近かったように思うのだ。

私という個人の力で、食肉センターのおじさんを動かすのではない。大学教授という立場をかなぐり捨てて、どうでもの精神で食肉センターに通いつめる村上という男の心を、なんとか親神様にお受け取りいただいて、その大きな力によって、おじさんの気持ちを変えていただくのだ――。私は、そう考えた。そして、人間の力を超えた働きを信じていたからこそ、三万五千頭分のウシの脳下垂体を分けてもらえることになったのだと思っている。

こうして、三年千日と仕切った「レニン研究」の第一歩は、〝日参〟から始まった。

食肉センターとの間で約束が取りかわされ、センター内の精肉業者がウシの頭を割って指先ほどの脳下垂体を取り出し、冷凍庫の中に保存しておいてくれることになった。その後は月に一、二回、学生が取りに行き、研究室まで運んだ。

「思い込み」の力

いよいよ、ウシの脳下垂体との格闘が始まった。

研究室では、脳下垂体の殻《から》を一つずつ取り除き、そしてすりつぶした。根気のいる作業であった。最初は研究の合間にやっていたが、それではとうてい間に合わないので、私は学生たちに、「朝二時間ずつ早起きしてやろうじゃないか」と提案した。学生たちはずいぶん嫌《いや》がっていたが、「この材料さえ集まれば、世界的な仕事ができるんだ」と励まし、目的を持たせ、説得した。

学生たちが嫌がるのも無理はないのだった。研究室は、まるでホルモン焼きの調理場みたいな様相を呈した。とにかく、冷凍されてカチンカチンになった脳下垂体を前葉と後葉の二つの部分に分けていかねばならないのだが、この作業は凍った栗の渋皮をむくようなもので、大変つらかった。それを三万五千頭分やるのだから、正直いって気の遠くなるような話だった。

研究室の多くの人が、やがて私の説得に応じて、朝七時ごろ出てきてくれるようになった。九時前にやって来て、ウシの脳下垂体の皮をむいても、別に時間外手当が出るわけではなかった。しかし、みんな自主的に出てきてくれるようになったのである。しかも、直接にはこの研究に関わりの薄い人まででもが協力してくれた。お医者さんも研究生も大学院生も、それぞれが立場の違いを超えて、この単調な仕事に従事してくれた。

約半年間、私どもは、明けても暮れてもウシの脳下垂体の皮むきに取り組んだ。頭を使うことのない、単純な肉体労働だった。しかし、それが徐々に面白くなっていった。みんなでワイワイと世間話をしながら皮むきをした。どこかの海辺で、漁村のおかみさんたちが車座になって貝のむき身を取り出しているような、そんな和やかな情景であった。

私はこの間にも、研究室のみんなを「これさえできれば世界的な研究ができる」と励まし続けた。しかし、その言葉は正確ではなかった。科学の世界に限らず、「これさえできれば、あれができる」と確定的に言うことは、主観的な願望の表現でありこそすれ、決して正確な表現ではない。正確さを期そうと考えるなら、「できるかもしれない。できる可能性がある」と言うべきであろう。客観性と実験結果を何よりも重視する科学者同士の会話の中では、こうした厳密な表現が特に必要とされると、一般には考えられがちであろう。

ところが研究の現場でも、意外と主観的な思い込みが大きな力を発揮するものなのである。「絶対できる」という主観的思い込みがなかったなら、行動のエネルギーも、もう一つ湧《わ》いてこないであろう。

私は、こうした「思い込み」の重要性を、やはりお道から学んだ。おたすけにかかるときに、相手に「あなたは絶対たすかりますよ」と信念を持って言えないようだと、信心の境地にはならない。たすかるかどうか分からないときに、絶対たすかると言いきるのが信仰の世界である。その、世間の常識を超越した世界に生きようと決意することで、自分でも思いがけないほどの力が外部から吹き込まれるものなのである。

信ずる行為は、本当に大きな力を生み出す。できるだろうか、できないのではないか、などと、どっちつかずの心持ちでいるときに、力が湧いて出ようはずがないのである。さらに信仰的に言えば、たすかり方が問題である。真のたすけは、心や魂の救いであり、必ずしも姿や形ではない。その意味では、心さえ清らかな、陽気ぐらしのできる心になれば、必ずたすかるのである。

科学の世界でも、こうした「思い込み」が強い力を発揮することを、私はそれまでの実体験で知っていたから、ウシ三万五千頭分の脳下垂体を相手としたこの単調な作業の中でも、「これで世界的研究ができる」と、みんなに自信をもって言うことができたのである。

朝づとめを欠かさず

そしてまた、半ば以上信仰的な信念でこの作業に取り組んでいた私は、そのころから自宅で朝づとめを欠かさないようになった。誰に言われたわけでもなく、自らすすんでおつとめをつとめるようになったのである。朝づとめをつとめながら、私は自分の心が無になって、何かしら大きな存在にすべてをゆだねていけるような、不思議な高揚感を覚えるようになった。

天理教の信仰生活では、このおつとめが特に重要視される。つとめは、天理教教会本部の神殿で、ぢば（親神様が人間と世界を創造されるとき、人間を宿し込まれた元の場所）を囲んでつとめられる「かぐら・てをどり」が最高のもので、地方の各教会や信者宅では、おぢばのおつとめにならって、毎月の祭典日と毎日の朝夕につとめる。

朝夕のおつとめは、毎日無事に暮らさせていただくことを親神様に感謝する意味合いがあり、私も普通の信者家庭と同じように、このとき以来、家でおつとめをしている。すると、親神様との間にコミュニケーションが成り立つように感じられ、その日一日の研究にも気分良く打ち込めるのだ。科学者であろうと、別に普通の人となんら変わりがない生活をしているのだから、おつとめをつとめてあたりまえだ、とも考えた。

その一方で、典日分教会の普請のために、かなりの額をお供えして、身をすっきりとさせ、お道とのつながりを太いものとした。そのお金は、ナッシュビルに買ってあった家を売って得たもので、これによって私は、アメリカへの思いも断ち切ったのであった。

研究現場にも生きる教えの心

六カ月間、研究室には朝早くから夜遅くまで、こうこうと電気がついていた。早い者で、早朝五時から研究室にやって来る学生がいた。深夜十二時まで脳下垂体の皮むきに精出す学生もいた。先生が率先して仕事をするものだから、大学院生や学生もそれにならって頑張った。しかし、学生たちは全員手弁当であった。私は、ひのきしん（欲を忘れた行い）をしてくれているのだと思った。本来ならば、学生たちに特別のアルバイト料を支払わなければならないところであったが、まだ成果が挙がる前のことで、研究費もさほど潤沢ではなかったから、支払う余裕がなかった。将来特許料でも入ったときの〝出世払い〟ということにして、私は学生たちに借金をしたのであった。

一手一つのひのきしんを研究の場で実践したわけだが、これは、研究者のタマゴである学生たちにとっても、きわめて素晴らしい体験であったのだ。将来、ひとかどの研究者になるためには、若いうちに身ゼニを切ってでも研究に没頭する姿勢を身につけておかねばならない。人から研究費をもらって、ぬくぬくと研究するようでは、もう一つ手応えがないものなのだ。身ゼニを切る苦労があってこそ、研究は自分のものになるのである。

これは、真の科学者、研究者になるための基本だが、何事かを成そうとするにはおそらくどんな場合でも、こうした「身ゼニを切る」姿勢が必要となってくるだろうと私は思う。お道で言えば、これは〝伏せ込み〟〝理づくり〟（親神様の働きを頂くための土台づくり）にあたるのかもしれない。自ら苦労をしょい込み、苦労をエネルギーに転化して、花開くときを目指して単調な作業に没頭する。おたすけでも同じなのであろうと思う。一つのおたすけがあがるとき、その背後には、やはり地味な理づくりの日々があり、伏せ込みがある。理づくりをすることによって、神様との間に澄みきった筋道ができ、いざというときに大きな理の働きを見せてもらえる。

研究室の若い学生たちに、私はそういう精神を養ってもらいたかった。当然、お道の言葉は一切使わなかったが、常々言う言葉の端々にいつも、いま述べたようなお道の心を込めた。一手一つのひのきしん、そして理づくり、伏せ込み――最も信仰の世界から遠いと考えられがちな科学の研究現場で、私はごく素直に、お道の教えを実行したのであった。

純粋レニン〇・五ミリグラム

こうして私どもは、ウシ三万五千頭分の脳下垂体約五〇キログラムをすりつぶし、パウダー状にした。そして、一気に純粋レニンを取り出した。なんと二百万倍という濃縮倍率だった。つまり、二百万人の中から一人を選び出すという、気の遠くなるような倍率である。この、二百万倍という濃縮倍率は、世界記録であった。

どれだけ純粋レニンが取り出せたかというと、一グラムの二千分の一、つまり〇・五ミリグラムであった。ウシ三万五千頭からわずか〇・五ミリグラム。六カ月間、朝から晩まで研究スタッフが一手一つに純化作業に取り組んで、ようやく〇・五ミリグラムの純粋レニンを手に入れたのであった。大詰めを迎えた最後の一週間に至っては、室温四度の低温室で、中心のスタッフは徹夜に近い頑張りを見せたものだった。最終段階で失敗したら、いままでの苦労は水の泡である。純化する実験は一回しかできないから、その本番に備えて、何度も繰り返し予備実験を行った。そして、絶対大丈夫という強い自信をもって、純化実験にのぞんだのであった。

こうして取り出したレニンであったから、たとえわずか〇・五ミリグラムの微量ではあっても、私どもの嬉《うれ》しさはたとえようもなかった。一手一つのいいいひのきしんで取り組んできたから、喜びは全員の分かち合うものになった。

私は、この画期的な成果を手土産に、昭和五十六年、西ドイツで開かれた国際高血圧学会に出席した。この学会は普通の学会と違って、それぞれの専門分野に分かれて研究発表するのでなく、千人ぐらいが大会議場に集まったところで成果を発表する。だから研究発表者は、百人のうち一人か二人に限られていた。私は光栄なことに、そこで発表する機会を与えられた。二百万倍の超高倍率の難関を突破して〇・五ミリグラムの純粋レニンを取り出すことに成功した、と発表すると、千人を超す世界中の研究者たちから大きな拍手が湧いた。私は降壇するとき、思わず涙をまなじりににじませた。学者冥《みょう》利《り》に尽きると思った。

研究室の多くの人々の、献身的な努力のたまものであった。一手一つに力を合わせ、一つの目標に向かって突き進むならば必ず報われることを、私は学んだ。お道の教えの素晴らしさにも、あらためて目を見開かされた。

この学会のあとのレセプションで、私は外国の学者たちから「三万五千頭分ものウシの脳下垂体を、一体どうやって手に入れたのか」と、次々に聞かれた。「うちの学生たちが全部手でやったんだ」と説明すると、みんなは大いに驚いた。このとき、私には「ドクター三万五千頭」というニックネームがついた。

遺伝子工学にチャレンジ

「ふしから芽が出る」――チャンスをつかむ発想

しかし、残念なことに、この成功には限界があった。三万五千頭ものウシから〇・五ミリグラムしか純粋レニンが取れないのでは、とてもレニンの構造解明にまでは進めない。大量の純粋レニンが必要なわけだが、〇・五ミリグラム取り出すのにウシが三万五千頭も必要なのである。これでは正直な話、どうにもならなかった。

私どもの研究は、大きな壁に突き当たった。どうしたら大量の純粋レニンを手に入れることができるのか――。三万五千頭もウシを集めて、わずか〇・五ミリグラムしか取れない限界性もあったが、もう一つ困ったことは、いくら動物のレニンを研究しても、ヒトのレニンの実体は解明できないということであった。動物とヒトのレニンは、免疫的に全く違うからである。だから、ウシのレニンの働きがいくら解明されても、最終的にヒトの臨床には応用できない。

一番よいのは人間の脳の中のレニンを集めることだが、実現の見込みはない。誰《だれ》が考えてみても、人間の脳など集められっこないのである。

ウシ三万五千頭分の脳下垂体から〇・五ミリグラムの純粋レニンを取り出したことで、私どもの研究は終わってしまうのか。私は大きな重圧を感じた。

しかし、これを「ふし」（節）であると認識すると、私は気持ちが徐々に楽になった。お道では「ふしから芽が出る」と教えられるが、私の場合も、この大きなふしから大きな芽生えがあったのである。それは、私自身がふしに出会ってくじけることなく、「ふしから芽が出る」ような方策を精いっぱい考えぬいたからでもあったろうか。

ちょうどそのころ、私どもだけでなく、多くの人々を大変興奮させるニュースが世界を駆けめぐった。それは、「いままで、ヒトからしか抽出《ちゅうしゅつ》できなかったヒトのインシュリンが、大腸菌で作られるようになった」というニュースである。これは素晴らしい夢のような技術で、一般に遺伝子工学と呼ばれるようになった。しかも幸いなことに、日本でも実用段階に入った。この技術をなんとか使えればと、みんなで話し合った。使えればいいなあと考えたものの、私どもの研究室は遺伝子工学についてはは全くの素人であった。技術導入はきわめて困難な課題であった。

といっても、このふしを大きなチャンスに転化していくためには、もはや遺伝子工学の技術を採り入れるしかなかった。大腸菌に頼るしか方途は見いだせなかったのである。

よし、ここは踏んばりどころだ。できるかできないかは二の次にして、大胆かもしれないが遺伝子工学に取り組んでみよう――研究スタッフとの十分な話し合いの末、私はついに決断した。思い切りの心、仕切りの心であった。三年千日と仕切って世界的な業績を挙げると心定めした以上、どうでもやり切っていくほかなかったのである。

実験施設の準備、技術と知識の急速な準備、それらを支える経済力など、新しい試みにともなう現実的な課題を克服していきながら、私どもは生まれて初めて遺伝子工学に取り組んだ。

第一戦完敗――しのぎをけずる「ヒト・レニン」の研究

まず最初に、アメリカと欧州に調査に出かけた。この時点では、遺伝子工学に関する基礎と応用の分野については欧米が群を抜いて進んでいた。一般に、新しい仕事を始めるときは、この問題に関する文献を徹底的に調査する。しかし、遺伝子工学の分野は日進月歩で、本や文献など読んでいたのでは間に合わない。直接、世界の最先端の現場に行き、確かめるのが近道である。この欧米の調査では、幸いどこも、私どもが考えている実験には取りかかっていなかった。よし、これなら、いまからこの分野に入っても十分やっていける、と思った。しかし、この私の読みは甘かった。私は知らなかったが、すでに世界五カ所で同じような研究が始まっていた。このことは後で述べる。

私どもは、二つの目標を立てた。一つは、大腸菌を用いて大量にヒト・レニンを製造すること。二つ目は、この技術を用いて動物やヒトのレニンの遺伝情報を解読することにより、レニンの基本構造を明らかにすることである。

この技術を用いて、ヒトを含む高等動物の遺伝情報の解読が、現在すごいスピードで進められ、この結果が医学・生物界にもたらした衝撃は、はかりしれない。

この話をするときりがなく、本題から少しはずれるので、私どもの仕事について話を進める。この二つの目標を達成するために、実験を二つに分けた。一つは、動物を用いて徹底的に予備実験をすること。二つ目は、その経験と成果に基づいて、ヒトの材料に進むことである。

まず、ハツカネズミの多くの遺伝子の中から、レニンの遺伝子だけを苦労して選び出し、その情報を解読しようとしていた。が、その矢先、パリのパスツール研究所のグループが、私どもと全く同じ方法でハツカネズミ・レニンの全遺伝子の暗号を、英国の有名な科学雑誌に発表した。私どもは、第一戦で完敗した。しかもそのとき、アメリカのハーバード大学など、多くのグループが同じような研究でしのぎをけずっていることが判明した。これはショックだった。

研究室のムードは暗くなった。しかし、ここで私が沈んではだめだと気を取りなおし、私は「確かに第一戦には負けた。しかし相手は天下の横綱なんだ。しかも、本番はこれからで、最後の勝負はこれからの仕事で決まる。みんな、力を合わせてヒト・レニンの仕事に移ろう」と言った。そして気を取りなおし、新しい研究に取り組んだ。

しかし、ヒトの場合は動物の場合に比べ、はるかに困難で、そのときの技術では成功するかどうか、ぎりぎりの所であった。成功するためには、レニン含量の多い、新鮮なヒトの腎臓が必要である。しかし、これはめったに手に入るものではない。そこで、普通の腎臓を使って実験を繰り返すが、一向に前には進まない。私どもは再び大きな困難に直面した。三年千日と仕切ったその区切りの日、すなわち筑波大学の創立十周年の日まで、残すところは少なくなっていた。

降って湧いた幸運――ハイデルベルグの街角で

しかし、気ばかり焦ってもどうにもならない。私は、学生たちには決して打ち明けなかったが、内心、こりゃ負けたかなと思った。先発のパスツール研究所とハーバード大学では、すでに八割方読み取ったという情報が非公式に入っていたからである。格のうえからいっても、私どもは新参者で、実力も四、五番目であった。一方のパスツール、ハーバードは横綱格である。負けても当然ではあった。ここで負けたとしても、研究の成果はすべて伏せ込みになる。将来、大きな花と咲くこともあるだろうから、へこたれずにやっていこうと、私は覚悟を決めた。

そんなあるとき、私は西ドイツの大学都市・ハイデルベルグで開かれた学会に出席し、学生街のカフェでビールを飲んでいた。すると、日本人が入ってきた。珍しいな、と私は顔を見た。すると、その日本人は顔見知りの京大教授・中西重忠氏であった。まさか、ハイデルベルグの小さなカフェで出くわすとは思ってもみなかった私は、不思議な引き合わせの力を感じ、率直に、研究が行き詰まっていることを打ち明けた。

「先生、やはりパスツールには負けました」

私は、やけ酒のようにビールを飲んだ。

「村上さん、まだ分からんよ」

と、中西教授は、なめるようにビールを飲んだ。

「と、いうと……」

「いや、そこまでやっているのに、何もパスツールに負けることないだろ。もしよかったら、うちの研究室でも協力しようじゃないか」

中西教授は、遺伝子工学の分野では世界に知られており、新進気鋭の学者であった。私は、ハイデルベルグの街角でこのような協力を申し出られて、びっくりした。同時に、「なんという出会いの妙だろう」と感激した。

「勝負は最後まであきらめたらいかん。私が全面的に応援するから、頑張りなさい。材料と学生たちも京大の研究室に丸ごと移しなさい。私が見てあげるよ」

文字どおり、降って湧《わ》いたような幸運であった。中西教授が応援してくれれば、まさに鬼に金棒。研究が一挙に進むのは目に見えていた。私は、このハイデルベルグでの不思議な出会いに、場所のへだてを超えてお働きになる存命の教祖を実感し、遠くおぢばを思った。

ついに逆転、奇跡は起こった

日本に帰ると、素晴らしいニュースが待っていた。たまたま、私どもの研究室に国内留学した経験のあるお医者さんがいて、この人が方々の大学病院に「レニン含量の高い腎の摘出手術があったら、すぐ連絡してくれ」と、話をつけておいてくれたのである。

その根回しのおかげか、東北大学から突如、電話がかかってきた。「明日、摘出手術が一件あるから、すぐに取りに来てください」という。びっくりした私どものスタッフは、ドライアイスを用意して、夜中に筑波から仙台（東北大学がある）まで突っ走った。こうして手に入った腎臓には、なんと通常の十倍量のレニンが含まれていたのである。ある種のガンにかかったりすると、腎臓中のレニンが急増する場合がある。私どもが手に入れた腎臓は、ガン化したものではなかったが、レニン含量の高いものであった。

いずれにしても、待ち望んでいた材料は手に入った。このうえは、提供してくださったご本人に報いるためにも、高血圧の黒幕・レニンの正体をあばくため、死にものぐるいで研究に精出そうとスタッフ一同で誓いを新たにした。

実験は再開された。提供された腎臓二〇グラムからの遺伝子バンクを作り、この中から、目的とするヒト・レニンを検出する実験に取りかかった。

筑波で作ったヒトの遺伝子バンクとともに、私は早速四人の学生を、実験に協力してくれる京大の中西教授のもとへ送った。四人は京大近くに下宿し、中西研究室に毎日通った。そして、そのおかげで、ヒト・レニンの遺伝子情報読み取り作業は一挙に進展した。

パスツール研究所が八割方読み取っているのだから、逆転はとうてい不可能と思われた。しかし、学生たちは筑波と京都に分かれ、一〇キロも体重が減る者が出るほど研究に打ち込んだ。

そしてついに、奇跡は起こった。筑波大学十周年の記念日を三カ月後にひかえた一九八三年夏、わが研究室は中西研究室の協力を得て、世界で初めてヒト・レニンの全遺伝子情報を読み取ることに成功したのであった。学生たちは抱き合って喜び、そして感涙にむせんだ。

成功の原点――朝起き、一手一つ、勇み心

思い返せば、三年千日と仕切ったレニン研究の出発は、三万五千頭のウシの脳下垂体の皮むきからだった。三十人の研究スタッフは一手一つに、「朝起き、正直、働き」の言葉をそのままに脳下垂体の皮むきに取り組んだ。そして、〇・五ミリグラムの純粋レニンを取り出した。これだけでも高血圧の研究の分野では高く評価された。

その後、私どもは目標のヒトを材料にしたレニン研究に向かって、さらに前進した。大量の純粋レニンが必要なことから、思い切って遺伝子工学を導入した。そして、行き詰まるたびごとに不思議な出会いに恵まれて、ハイデルベルグでの中西教授との出会いを経て、一挙に先輩パスツール研究所を追いぬいてしまった。

私どもは決して、他にぬきんでた頭脳を持っていたわけではなかった。実力からいえば、私どもよりはるかに上の研究所が、世界にはたくさんあった。それなのに、世界で初めての画期的な成果を挙げることができた。これは何よりも、学生たちが「朝起き、正直、働き」を素直に実践したからだと、私

は思う。

偏差値など全く関係がなかった。みんなが朝二時間ずつ早起きしたのが成功の原点であった。頭などさほど使わなかった。みんなでワイワイと、ガールフレンドの話などしながら、ウシの脳下垂体の皮をむいただけだった。しかし、こうした一手一つの働きが、ビッグ・サイエンス（巨大な科学）の現場では何よりも重要だったのである。朝起きとか、一手一つとか、単純なことが研究の成果を左右することを、私はここで学んだのである。私は、お道の教えを知っていて本当によかったと思った。

しかも、しかもである。研究スタッフが一手一つに勇んでいると、次々に強力な協力者が現れた。食肉センターのおじさんしかり、腎臓を提供してくれた東北大学しかり、そして、中西教授の全面的な力添えしかり――。

私は、こうした方々を、あえて恩人と呼びたい。多くの恩人のおかげで、ヒト・レニンの研究は画期的に進んだのである。

再び三年千日へ——ヒト・レニンの大量生産を目指す

学長も大いに喜んでくれた。心定めどおりに成果が挙がったせいもあっただろう。「これを筑波大学十周年の目玉の一つにしよう」ということになり、筑波大学で共同記者会見を行った。一九八三年の七月末のことだった。

私どものレニン研究は、世に問えるものとなった。そして、筑波大学創立十周年に、大きな花を添えることができた。だが、私は気をゆるめなかった。これを飛躍台にして、さらなる成果を目指して、再び三年千日を設定した。研究も「きりなしふしん」（陽気ぐらし世界の建設を「ふしん」にたとえ、いつまでも進められてゆくことを指す）なのである。しかも、私どもの研究は、まだまだ当初の目標には遠かった。目的は、ヒト・レニンを遺伝子工学で大量に作り出すことなのであった。

お道では、教祖百年祭活動三年千日のまっただ中にあった。私も、科学の分野で一つ、教祖にお供えをしたいと願った。それには研究しかない。私どもは、解明されたヒト・レニンの基本構造をもとに、コンピュータも駆使して、レニンの分子立体モデルを組み立てる作業に入った。このときも、不思議に援助してくださる人が現れた。ノーベル化学賞を受賞された福井謙一博士の弟子の梅山秀明博士である。

ちょうど、合図立て合うように、筑波では政府構想による国際科学技術博覧会の開催に向けて、大規模な再開発が行われていた。国際科学技術博覧会とは、通称「科学万博—つくば'85」。目覚ましい進歩を遂げている科学技術の成果を一堂に会して、科学と人間の関わりについて、新しい考え方・ものの見方を生み出していこうというのが開催の目的で、筑波大学も、この構想の中で重要な役割を果たすことになっていた。

第四章でくわしくふれる予定だが、近年、科学と人間の関わり方については、従来にない論議がなされるようになってきた。ひところ、高度経済成長を支えた科学技術が公害や環境破壊の元凶とされて、科学全体のイメージは悪化した。現代文明の退廃、人心の荒廃なども、しきりと取りざたされ、科学技術の急速な進歩・発展が、その傾向にいっそう輪をかけているとされた。しかし、科学技術は、文明の質を高めていくための単なる道具なのであって、最も論議されてしかるべきは、科学技術を土台で支える思想・哲学・世界観と、それを使いこなす人間の精神性なのである。

西側先進諸国の科学技術文明は、いわゆる西欧型の合理主義思想が生み出した、最大・最高の果実である。だから、近代科学技術を総批判しようとするなら、必然的に西欧合理主義の批判に行きつかざるを得ない。つまりそれは、西欧合理主義を思想・行動の立脚点として毎日を暮らす現代人の生き方そのものを、あらいざらい点検するということなのである。「科学万博―つくば'85」の目的は、使いこなす人間たちの心の持ち方を、ハイテクノロジー（高度な科学技術）の時代に似つかわしく育て上げていくことにあった、といってもよいのだが、それは、広範に、こうした〝総点検〟の考え方が行きわたり始めたからであった。

ハイテクノロジーの時代は、筑波を一つの頭脳センターとして、二十一世紀を間近に見すえ、いままさに具体的に幕を開けようとしていた。ガマの油売りの口上で有名だった筑波は、ハイテクノロジー時代の黎明《れいめい》を告げる頭脳集積都市として、一段、飛躍のときを迎えていたのである。

っていた。

「つくば科学博」にレニンの分子立体モデルを出品

私どものレニン研究も、これに歩調を合わせるように新たな段階に踏み入

ヒト・レニンの全遺伝子暗号は、世界で初めて私どもの手によって読み取られ、次いで、ヒト・レニンの分子構造が明らかとなった。私どもは、その構造式を立体モデルとして組み立てる作業に取り組んでいたのである。

分子立体モデルを組み立てるには、各構成分子間の結合の度合い、距離などが正確に計測されなければならない。それには、進歩いちじるしいコンピュータが大きな力を発揮した。ヒト・レニンは、三百四十個のアミノ酸が結合した高分子だから、三百四十個のつながり方を、すべて立体的に計測しなければならなかった。しかし、私どもの作業は着実に進み、「科学万博―つくば'85」の開催に間に合うように分子立体モデルは完成した。

昭和六十年三月に幕を開けた同博覧会は、主会場のほかに筑波大学そばの筑波エキスポセンターでも開かれた。このセンターは政府館といってもよく、科学技術の最先端の成果が恒常的に展示されていた。政府は科学博の期間中、

このエキスポセンターで政府特別展を開いたが、私どものヒト・レニン分子立体モデルが、筑波大学を代表して同特別展に出品されたのである。実際の長さの一億倍で組み立てられたこの分子立体モデルは、世界で初めてのものだった。

私どものレニン研究は、こうして、国家的イベントである「科学万博—つくば'85」に花を添えた。しかし、それも決して終点ではなかった。私どもの研究は「きりなしふしん」。一つの段階に到達すれば、息もつかせず次の段階に進んでいった。

大腸菌にヒト・レニンを作らせる

私どもはいよいよ、ヒト・レニンを大腸菌に作らせる研究に取りかかった。すでに、遺伝子工学の技術は自家薬籠中《やくろうちゅう》のものとなっていた。

腎臓から取り出した純粋レニンは、さきごろアメリカで製品化されて話題を呼んだが、一ミリグラムで七千万円もする。つまり、一グラムで七百億円である。地球上のどの宝石よりも高価な値がついてしまうこの純粋レニンを、大腸菌に大量に作らせることができれば、どれだけ研究が進むかはかりしれない。私どもは、過去三年間で培った遺伝子組み換え技術を全面的に採り入れることによって、大腸菌にヒト・レニンを作らせる実験に取りかかったのである。

そして、それは見事に成功した。科学万博政府特別展にレニンの立体モデルを展示してわずか三カ月後、私どもの成果は、かなり大きく新聞各紙で報道された。

朝日新聞に掲載された記事の一部を紹介しよう。

遺伝子工学で世界で初めてレニンをつくる
筑波大の村上和雄教授グループ

「高血圧の原因とみなされている酵素レニンを、遺伝子工学の手法で大腸菌に作らせることに、筑波大学の村上和雄教授（49歳、筑波大学遺伝子実験センター長）のグループが成功し、その研究成果が北海道大学で開かれた日本農芸化学会大会で発表された。

村上教授は、さきごろ「科学万博—つくば'85」の政府特別展に、酵素レニンの分子立体モデルを世界で初めて展示し、注目を集めたが、今回の成果は、レニンそのものを遺伝子工学の手法を用いて作り出すという画期的なもの。ヒト・レニンの遺伝子暗号の解読、分子立体モデルの作成など、これまでの研究を土台に、ヒト・レニンの遺伝子を大腸菌の遺伝子に組み込んで、大腸菌にヒト・レニンを作り出させることに初めて成功した。（中略）純粋なヒト・レニンは、臓器（腎臓）からの分離や化学合成がきわめてむずかしく、今年（昭和六十年）になってアメリカで売りだされたレニン（腎臓から取り出したもの）は、一ミリグラムで七千万円もするほど。

村上教授の今回の研究が本格化し、レニンが大量に得られるようになれば、高血圧症の原因究明や治癒《ちゆ》などに大いに寄与するものとみられ、生化学の分野だけでなく、医学、薬学の分野からも期待が集まっている。

なお、遺伝子組み換え技術によって、ヒト・レニンが作り出されたの

は、これが世界で初めて」（以下省略）

生命の神秘と力に目を開く

いま、私どもは大腸菌にヒト・レニンを作らせる研究を推し進めるとともに、将来を見越して、ヒトのタンパク質やホルモンを大腸菌に作らせる研究にも手をそめはじめた。私どもの研究現場は、まさにバイオテクノロジーの最前線である。

そして私は、バイオテクノロジーの最先端現場に立って、生命の神秘と力に、あらためて目を見開かされている。遺伝子ＤＮＡは、生命の基本的な材料を作り出す全情報を持っているから、それを取り扱うのは、生命の元に直接ふれるのと同じである。レニン研究に遺伝子組み換え技術を導入することによって、私はお道の教理を、私自身の生き方にあてはめるだけではなく、生命活動の不可思議さに照らし合わせて眺めるようになったのである。

私はそれまで、研究の現場に教理を素直に適用し、「一手一つ」「仕切り」「三年千日」「心定め」などの教えの精神を、学生たちにも一般の言葉でたたき込んできた。そして、教えを生かしていけばどんな困難も克服できることを、身をもって味わった。私にとって研究の現場は、おたすけの現場、教会生活の現場と同じようなものだった。

それは、生き方に実践教理が力を発揮した一例だろうと思うのだが、もう一つ重要な発見は、こうした研究姿勢によってもたらされる研究成果が、とりもなおさず、親神様の偉大なお力の一部を科学の力で実証していくという事実であった。このことを理解していただくために、遺伝子の話を少しさせてもらうことにする。

生命の不思議――遺伝子の秘密

遺伝の謎

遺伝とは、親から子に姿・形や性質などが伝わっていくことをいうが、古来、その伝わり方の仕組みは謎《なぞ》であった。謎ではあったが、人間は、遺伝という現象が存在することは現実の姿として知っていた。ことわざ一つとっても、遺伝の運命的な働きを取り上げて、人間そのものに深い洞察を加える類《たぐ》いのものはあまたある。たとえば、「カエルの子はカエル」「ウリのツルにナスビはならぬ」などなど。逆に、子が親の能力等を大きく乗り超えた場合には、「鳶《とんび》が鷹《たか》を生んだ」などといわれる。いずれにしても、子は親に似るものと相場は決まっており、どんなに強大な権力を持った人でも、この基本的な運命からのがれるすべはない。

ところが、なぜ子は親に似るのかと問われれば、つい最近まで、科学者はその仕組みについて明快な答えを出せないのが実情であった。子は親に似ているものなのであって、その理由を問うこと自体、一般にはナンセンスと目されていた。

「ぞうさん」という童謡をご存じの方も多いだろうが、その歌詞は、いたって簡単なものである。まず、子供が象さんに、「あなたのお鼻は長いのね」と、そのわけを問うように質問する。すると象さんは、お鼻が長いわけを理論的に説明するのではなく、「そうよ、母さんも長いのよ」と、きわめてうまく話をそらすのである。こう答えられてしまうと、もうそれ以上、突っ込んで聞く気もなくなるのが普通だ。「そうか、お母さんの鼻も長かったのか。それじゃむりもない」と、ごく自然に納得してしまうものだ。

論理的には、何ら質問・答えのスタイルにはなっていないにもかかわらず、この歌が多くの人々に親しまれている理由の一つは、遺伝の運命的なことわりに対して、ごく自然に、素朴に、私たちが従っているからだとも思うのである。

ところが、生命体の生命体たるゆえんは、まさに、この「子が親に似る」という不思議な現象の中にあるのである。生命体は自己増殖を繰り返し、生命を次の代へと連綿と受け継いでいく。個体として死んでも、その個体の持っていた全情報（生物学的情報）は、生殖行為を通じて次代へ伝わり、種としてのいのちは絶えることがない。その絶えることのないいのちの材料の作り方を、情報として伝えていくのが遺伝である。だから、遺伝の謎を解くことは、そっくりそのまま、生命の謎と神秘に迫ることにつながっていくのである。生物や生命に興味を持つ科学者は、この謎に挑戦しはじめた。

遺伝子の本体はＤＮＡ（デオキシリボ核酸）

遺伝の謎を解くためには、まず、その元となる要素（遺伝子）を突きつめて分析していかねばならない。その要素が、細胞の核の中にあるＤＮＡ（デオキシリボ核酸）と呼ばれる酸性物質であることが発見されたのは、一八六〇年代の後半のことである。その後、約七十年ほどの間、ＤＮＡに注目する人は少なかったのである。遺伝という非常に複雑な働きは、やはり複雑で多様なタンパク質に比べ、長い間研究が遅れ、脚光を浴びるのは一九四〇年代に入ってからのことであった。

以来、現在まで、DNAに関する研究は素晴らしい進展をみせ、DNAが、ヒトを含めすべての生物の遺伝子の本体であることが確認され、そして、遺伝という生物の基本的な現象が化学の言葉で語られるようになった。

すべての生命の材料を作る四つの文字

この超微小のDNAの構造の研究に決定的な役割を演ずる論文が、一九五三年に、二人の若い科学者、ワトソンとクリックによって発表された。この中で、DNAの構造に秘められた仕組みが正確に予言され、後にその正しさが証明された。

DNAは、糖とリン酸という、ありふれた、しかも構造の簡単な物質が交互につながった、二本の長い鎖でできている。この二本が右巻きのらせん状にからまり、はしごのようになっている。これは「二重らせん」と呼ばれている。この長いはしごに相当するところに、生物のすべての遺伝情報を伝える「分子の文字」が鎖から直角に出て、手をつないで、ぎっしり詰まっているのである。

この二重らせんのはしご段に書かれる分子の文字は、すべての生物に共通で、A(アデニン)、T(チミン)、C(シトシン)、G(グアニン)という四つの文字で表される簡単な塩基の物質からできている。地球上に生物が発生して以来、三十億年余の歴史の中で、約一億種類もの種が地球上に現れ、そのうち九八パーセントは現在までに絶滅し、現存しているのは二百万種類だけといわれるが、そのすべての生物の設計図が、わずか四つの分子の文字で書かれていることは驚異である。しかも、全生物の使用している文字が同じであることは、微生物をも含めたすべての生物が同じ起源をもつことを示している。地球上のすべての生物は、一つの生命体を起源とする一民族に属するらしい、ということが分かった。

超微小の膨大な情報テープ

次に、遺伝をつかさどるDNAの大きさや重さ、その中に含まれる情報量について考えてみよう。ヒトの細胞の一個の核の中にあるＤＮＡの重さは、わずかに一グラムの二千億分の一、その幅は一ミリメートルの五十万分の一という、超微小の、非常に細長い糸のようなものである。このＤＮＡの重さや細さは、私たちの日常の感覚ではとうてい理解できるものではない。

たとえば、針金を一ミリメートルの百分の一の細さ（ＤＮＡの五千倍の太さ）にすると、息がかかっただけでも切れてしまう。このＤＮＡが、ヒトの場合では、核の中の四十六個の染色体中に折り畳まれて収納されていて、その長さは、つなぎ合わせると約一・八メートルにもなる。

このＤＮＡの持つ情報量は、約三十億のＡＴＣＧの組み合わせからなっており、これは、一ページに千字ある千ページの本で約千冊にも相当するといわれている。ＤＮＡは、よくコンピュータにたとえられるが、ＤＮＡの持つ膨大な情報量に比べ、そのサイズは超小型である。そして、ＤＮＡの持つ情報は生物にとって最も大切なもので、厳格な保存を必要とするが、特殊な生物を除き、この情報を陽画（ポジ）と陰画（ネガ）という形で、一つのペアとして保存している。ＤＮＡが一本鎖のままで存在することは、ほとんどなく、二つの鎖がお互いに補い合って働いていること、さらに、その中で、AとT、CとGが絶対のコンビとしてペアを組んでいる様子は、二つのものが一つの単位で活動しているという、自然界の共通の原理を見る思いがする。

さらに、A、T、C、Gという物質は、化学的には「塩基」と呼ばれるありふれた簡単な物質で、それに似た物質は自然界には多く存在する。その中で、なぜ四つの塩基が選ばれたのか、また誰《だれ》がこの四つの塩基を選んだのであろうか。これは、人間でないことだけは確かである。この超微小の三十億の情報が書き込まれたDNAの〝テープ〟が、人体中には約六十兆存在するのである。その六十兆のDNAは、みな同じ遺伝情報を持っているのである。

人間を超える巨いなる存在

これ一つとってみても、私は生命の不思議さに驚異を感じないわけにはいかない。一体誰が、こんな微小なテープ（DNA）の上に三十億もの情報を書き込んだのであろうか。これは、生命の材料を作る指示を出す、きわめて整然たる情報なのであって、偶然の結果書き込まれたとは、とうてい考えられない。人間を超える巨《おお》いなる存在がなければ、遺伝子情報そのものが存在するはずがない、と考えたほうが、それこそ自然なのである。

ある科学者は、ＤＮＡの模型を見たとき、その美しさに打たれて「これはやっぱり神わざだ」と感嘆したという。生命科学の最先端現場に立つ科学者ほど、同じような感慨に打たれる傾向がある。いや、生命科学者だけではない。古くはライプニッツから二十世紀のアインシュタインまで、そして日本でいえば湯川秀樹博士から朝永振一郎博士に至るまで、世界有数の科学者は、一様に深い哲学・世界観を持ち、人間の理性を超えた大いなる存在の前にきわめて謙虚であった。研究の成果が、現実に、自然の成り立ちの際限ない巨大さと偉大さを際立たせたからでもあったろう。

科学と宗教の出発点は同じ

考えてみれば、科学と宗教の出発点は同じであった。大自然の精妙きわまりない営みと、人間および各種生物の不思議さに気づき、その背後に人間を超えた大きな力や法則を感じとったとき、宗教と科学は誕生した。大きな力を崇《あが》めて、おだやかな運行を願い祈りはじめたとき、人は宗教を自らのものとした。大きな力の秘密を理性で探ろうとしたとき、科学は芽生えた。

ニュートン以来の近代科学も、キリスト教の神の摂理を実証しようとする姿勢から発達した。だから、熱心な信仰者が同時に偉大な科学者である場合は、ずいぶんと見られた。

それが個別の人格として分断されたのは、近代産業社会になってからのことである。科学が技術に応用され、近代文明を支えるようになると、宗教はむしろ科学に相反するものとして、社会の前面から排除されるようになった。そして、こうした合理主義一辺倒の近代社会が何をもたらしたかは、最近の世相を見れば一目瞭然である。

科学者は、その情感のレベルでは、信ずる心を豊富に持っていたほうがよいと私は思うのである。科学ですべてが解決することはあり得ないのである。

DNAはタンパク質を作る設計図

さらに、遺伝子の話を続ける。遺伝子は情報を伝えるといっても、遺伝子の上に普通の文字が書いてあるわけではない。遺伝子の本体がＤＮＡという化学物質であり、このＤＮＡはＡ、Ｔ、Ｃ、Ｇの四つの塩基の文字が長く連なったものであることが分かるとすぐに、このＡ、Ｔ、Ｃ、Ｇの文字で、生物は自分自身の持つ情報をどのようにして伝えようとしているのか、という研究が始まった。

そして、その謎の多くの部分が一九六〇年代に解明された。その謎の解明の研究結果は、一般の学会誌で発表するだけでは間に合わず、アメリカでは『ニューヨークタイムズ』の紙上で研究結果が発表されるという、すさまじい研究発表ラッシュが行われた。当時、私はアメリカにいたが、大学で夜中に掃除に来る黒人（ジャニター）がＤＮＡの暗号の話を知っていて驚いた。この研究成果は、生物学に関心のある人々を興奮させただけでなく、アメリカでは、当時一般の人々の間でも話題になった。

そして、この謎は解けた。ＤＮＡは私たちの身体を構成する、すべてのタンパク質を作る設計図であることが明らかにされた。タンパク質といえば、一般には魚、肉、卵など、タンパク質を含んだ食べ物の一つを連想されると思うが、骨や歯も、さらには私たちの目玉も、その最も重要な成分はタンパク質である。実は、私たちの身体を構成している主体は、水とタンパク質なのである。そして、血液の中にも多くのタンパク質が溶けている。

酵素は生体のスーパースター

さらに、タンパク質の中でも、特にダイナミックな働きをするのが酵素である。私たちの身体には何千という酵素があり、それらの酵素はすべてタンパク質からできている。この酵素は、身体の中のすべての活動の元である何千もの化学反応を、見事に制御している。酵素は、生体のスーパースターである。なぜなら、この酵素は、反応する相手を厳密に見分け、酵素自身は壊れることなく、何万倍、何百万倍もの相手を変化させる能力をもっている。しかも、その反応速度を、一億から百億倍にまでスピードアップできるからである。

遺伝子工学を可能にしたのも、DNAをある程度、自由に切ったりつないだりする酵素が見つかったからである。これはよく、ハサミとノリにたとえられるが、一ミリメートルの五十万分の一という細いテープを切るハサミがあるわけではなく、実際は、酵素でＤＮＡを化学的に切断したり、つないだりする。

タンパク質の材料は二十種類のアミノ酸

さて、タンパク質はどんな姿をしているのであろうか。タンパク質は、その姿を紙の上に書くと、よくネックレスに似ているといわれる。ネックレスの玉は、アミノ酸という物質である。アミノ酸というと特別な物質のように聞こえるが、食卓でおなじみの化学調味料、グルタミン酸もその一つである。

生物をつくっているタンパク質には、何千、何万といってよいほどの多くの種類があるが、驚いたことに、大腸菌のタンパク質も、植物のタンパク質も、ヒトのタンパク質も、例外なくわずか二十種類の玉を材料にして作られている。わずかに二十種類のアミノ酸から作られるタンパク質が、なぜ、前にも述べたような精巧なスーパースター的な働きをすることができるのであろうか。その秘密は、玉の並び方にある。

一つの例を挙げよう。最も小さいタンパク質でも、百個の玉が連なってできているが、いま、二十種類の玉を用いて、百個の玉をでたらめに並べたとすると、二十を百回かけ合わせた20^{100}（20の100乗）通りという、想像を超えた天文学的な並び方が考えられる。これは、一〇〇〇〇〇……と、〇が百三十も連なる、ものすごい数になる。この数がいかに大きな数であるかを理解していただくために、一つだけ例を挙げる。宇宙には無数の星が存在しており、その数約一千億といわれている。しかしこの一千億は、一〇〇〇……と〇がわずか十一連なるだけである。したがって、〇が百三十も連なるというのは、私たちの想像をはるかに超える、ものすごい数なのである。この無限ともいえる可能性の中から、一つの意味のある玉の並び方が遺伝情報により決められ、それぞれのタンパク質が作られている。

すなわち、DNAの四つの分子の文字は、タンパク質のアミノ酸の並び方を伝えることにより、その情報を伝えているのである。たとえばグルタミン酸は、GAGという三連文字により指示されている。したがって、すべてのアミノ酸は、それぞれに対応する三連文字を持っており、その三連文字を用いて、ＤＮＡの上に並んでいるＧＡＧ……という暗号を読み取るのである。

その暗号解読表を見て驚くのは、細菌、植物から人間まで、すべての生物は、基本的には同じ暗号解読表を使っていることである。したがって、大腸菌から万物の霊長といわれる人間まで、すべての生物はその遺伝情報を伝えるのに、同じＡＴＣＧという、たった四つの分子の文字と同じ暗号を使っていたことになる。これは、生物界における驚くべき統一性である。このようなことが単に、全く偶然に起こり得るものであろうか。科学者は、このような生物界の基本原理の一つを知り、さらに前進を始めた。

三十億分の千五百

前述したように、二千億分の一グラムという微量のＤＮＡの中に、三十億個ほどのＡ、Ｔ、Ｃ、Ｇの塩基の文字が並んでいるヒトのＤＮＡを、適当な大きさに酵素で切断できるようになり、特定のタンパク質を指定するＤＮＡ断片が得られるようになった。

しかし、これは超微量であり、とてもこのままでは、Ａ、Ｔ、Ｃ、Ｇの配列を決定することはできない。そこで、この断片を試験管の中で大量に培養して、そのコピーを増やせば、その遺伝子の配列が読めるのではないか。ヒトの遺伝子を微生物の中で増殖させることができないものであろうか。こんなとんでもないことを、一九六〇年代の終わりごろ、遺伝子の構造やその働きを研究している人々が考えるようになった。

そして、この夢が十年ほど前についに実現し、いま、ヒトを含む高等動物の遺伝子の断片が大腸菌の中で大量にコピーされ、やっと読まれだしたところである。私どもも、ヒト・レニンの遺伝子暗号千五百個を、先に述べたように解読するのに成功した。しかし、三十億個の全遺伝情報に比べれば、まことに微々たるものである。一年に、タンパク質として一つか二つの遺伝暗号に相当するものが読まれるとすると、人間の全遺伝情報を解読するのに、単純計算で三十万年はかかるのである。もちろん、科学の進歩はある時点で飛躍するから、この計算のようにはならないだろう。それにもかかわらず、三十億の情報を読み取るのは並大抵のことではない。ＤＮＡというミクロの世界は、こうしてみると全宇宙に匹敵するほどの広大な世界なのである。しかも、この遺伝暗号がすべて解読されても、生命の起源をはじめ、生命に関する基本的な謎は、謎のままであると思う。

ダイナミックに変化する遺伝子

しかし考えてみれば、ヒトや動物の遺伝子情報が自由に読めるような時代が来るとは、誰も想像だにしなかった。それがいまでは盛んに読まれている。そして、その結果、大腸菌など下等な細菌では全く予想もできなかった事実が、ヒトを含む哺乳動物の遺伝子について明らかになってきたのである。

たとえば、遺伝子は生物の基本的な設計図であるから安定であり、突然変異などの特別な場合を除き、そう簡単に変わるものではないと考えられてきたが、最近の研究で、ある遺伝子は人の一生の間でもダイナミックに変化していることが、次のようにして明らかになった。

生体は、ありとあらゆる異物に対して抗体を作ることができ、ヒトではおよそ百万種類もの抗体を作ることができると考えられている。抗体はすべてタンパク質からできているので、生体は、あらゆる場合をあらかじめ予想して、百万種もの抗体タンパク質の情報をあらかじめ遺伝子に書き込んでいるのであろうか。

このからくりは、最近まで大きな謎であった。最近、遺伝子工学的な手法を用いて抗体遺伝子や周辺の暗号が解読された結果、まず生体は、抗体の遺伝子をいくつにも分けて部品化しておき、それを必要に応じて自由に組み合わせて、計算上は、なんと百億通りの抗体を作ることが可能であると判明した。私どもは、最近まで何も知らなかったが、生体内では、必要な場合は遺伝子組み換えが自然に行われていたことになる。

高等生物のＤＮＡにある〝読み取り不可能部分〟

また、細菌のような細胞に核のない生物では、ＤＮＡの暗号は端から端まで全部読み取られているが、哺乳類のような高等動物ではとびとびにしか読み取られず、一見全く意味のない読み取り不可能な部分が多く見つかった。そして、一つのタンパク質を作る情報も、多くの部分に分断されていたのである。しかも驚いたことに、無駄としか考えられない部分のほうがはるかに多い。ヒトの遺伝子のうち、タンパク質生成のために使用されている部分は、せいぜい五パーセント前後であり、その他の部分の働きは、いまのところ全く分からない。しかし、一見無駄と思えるものを多くかかえているということが、高等生物には大切なことなのかもしれない。

生命の基本的な謎は解けていない

このように、遺伝子ＤＮＡの暗号解読が進むにつれ、生命の神秘性はいっそう増した。新たな発見が新たな謎を生み、新たな謎の解明を通じて、また再び新たな発見がもたらされる。しかし、これほど遺伝子の研究が進んでも、遺伝現象にとって最も初歩的な疑問である「カエルの子はなぜカエルなのか」という基本的な謎が解けていない。カエルならカエルという種を決定する遺伝子について、全く分かっていないからである。

いまの分子遺伝学は、大腸菌なら大腸菌という一つの種の中のことしか分からない。一つの種の中で、一つの遺伝子がどのようにして自分と同じ遺伝子をコピーし、また、タンパク質を作っていくかについては、基本的なところは解明された。これらの一つのタンパク質を作っている遺伝子は、ヒトの場合、約五万から数十万あるといわれており、これらの遺伝子が見事な調和の下で働いている。ある遺伝子が働きだすと、他の遺伝子はそれを知って仕事の手を休めたり、いっそう作業のピッチを上げたりすることで、うまく全体の働きを調整している。しかし、この見事な調整が、遺伝子のレベルでどのような仕組みで行われているかについては、ほとんど分かっていない。私どもはいま、やっと、ヒトを含め哺乳動物のＤＮＡの中に秘められている情報を読みだしたところである。

今後、この全ＤＮＡの構造が決定されていく過程で、全く思いがけない新しい事実が次々と見つかるような気がする。現在の生化学や分子生物学は、遺伝子も含め、生命の素材について多くの知識を蓄積しつつある。その生物の素材についていくら知識が増えても、細胞の完全な理解にはまだ非常に大きなへだたりがある。いま、やっと、生命の最も基本的な物質であるＤＮＡやタンパク質について理解が進み、その簡単なものは、生物に比べると桁《けた》はずれの時間と労力をかけてではあるが、ようやく試験管の中で作られるようになった。とはいえ、細胞の基本的な物質であるＤＮＡやタンパク質をいくら集めても、最も単純な細胞である大腸菌の細胞一つも、現在の科学では作れない。これは、細胞の素材がどうやって細胞を作っていくのか、基本的なことが全く分かっていないからである。

さらに、私たちの身体は兆の単位もの細胞からできているが、元はたった一個の受精卵である。これが倍々と分裂を繰り返して、多くの器官を、そして身体を作る。元は一つの細胞から出発したのに、発生が進むと、血球や臓器など、全く別の細胞に分化する。分化してしまっても、細胞の核ＤＮＡは同じはずなのに、なぜ全く違う器官ができるのか。細胞が分化すると、不要な大多数の遺伝子は眠り込んでしまうからだと考えられているが、くわしいことは分かっていない。そのうえ、人間には意識とか心といった高次の精神の働きがある。この精神作用について、分子レベルでの理解は皆無に等しい。

ＤＮＡ組み換え技術を、「生命をあやつるもの」とか、「神にとって代わる技術」などと言う人々もおられるが、私どもが生命をあやつれるほど、生命についての理解は進んでいない。ＤＮＡは、生命の設計図とよくいわれるが、正確には、生命を支えている素材であるタンパク質の設計図であり、生命そのものの設計図とはいえないだろう。生命には、私どもが知ることのできない新しい原理が存在する可能性がある。生命の起源、進化の問題、宇宙における地球生物の地位については、理解が不十分どころか、ほとんど何も分かっていないというべきかもしれないのである。

科学の知恵で解き明かす〝親神様の偉大な働き〟

さて、教祖百年祭に私は心定めどおりの研究成果をお供えさせていただくことができた。それは、筑波大学創立十周年へ向けての「三年千日」のさなかで達成した、ヒト・レニンの全遺伝子情報解読という、世界にさきがけた成果であり、その成果を土台に作り上げたレニン分子立体モデルの作製であった。科学の祭典「科学万博―つくば'85」にも特別出展されたこの立体モデルは、次の段階、すなわち、大腸菌にヒト・レニンの遺伝子を組み込んで、大腸菌にヒト・レニンを作らせる実験段階で大きな役割を果たした。私どもは、こうしてついにヒト・レニンを大腸菌に作らせることに成功したのであった。

しかし、私のレニン研究は、これからがいよいよ正念場である。大腸菌が作り出すヒト・レニンをもとに、その働きのすべてを解明していかねばならない。働きの全貌が分かれば、高血圧症の治療に具体的に応用できるであろう。

こうした研究は、私にとってみれば、すべて人間のまことの親である親神様の偉大な働きを、ささやかながら科学の力によって実証していくことなのである。親じきじきの教えを研究現場に生かし、スタッフ一同の一手一つの働きのうえに見せていただく成果が、親の働きの素晴らしさを実証していくことにつながるのだ。

若かりしころ、頭だけで理解していた「親の理」（人間の本当の親である親神様の働きの法則）という言葉は、科学の現場に立ついまの私にとって、実感として伝わってきている。まさにこの世は、神のからだである。私どもの研究は、〝神のからだ〟の精妙きわまりない仕組みと働きの一部を、科学の知恵で解き明かしていく営みに過ぎないのである。

第四章　陽気ぐらしを目指す科学

科学の新しいものの見方

一万個の実をつけたトマト

私どもの大学がある筑波研究学園都市で、昭和六十年三月から九月まで開催された「科学万博—つくば'85」で話題の一つになったのが、わずか一粒の種から一万個以上もの実をつけたトマトの巨木だった。遺伝子組み換えや細胞融合とかの新しい技術により、このような、いままでの常識を超えたトマトができたのかと想像されるかもしれないが、そうではない。このトマトは、一本の根幹から何千もの枝が分かれて、トマトの実を結ぶ。最も多いときで、一万個以上のトマトが実るというから確かにすごい。

その秘密は、太陽の光と、栄養分を含んだ水だけで育てるところにある。常識的に考えれば、植物は、土に根を生やし、土から各種の養分を摂《と》り、葉でデンプン等の必要なものを作って成長するのだから、土は不可欠である。ところが、植物本来の性質からいえば、枝と幹を支え、土中の養分を補うならば、根の部分は水中にひたしておくだけで栽培できるのである。ヒヤシンスの水栽培などを思い出すなら、納得もいくだろう。

つまり、植物がその成長能力を十分に発揮するうえで、土は不要ということなのだ。むしろ、土に根を生やしているがために、潜在的な成長能力は一定におさえられているわけなのである。一万個も実をつけるトマトは、実際、土とは無縁である。これが、植物の成長にとって理想的な環境だというのである。

現実に、人口過剰と栽培地の不足に悩む都市部などでは、このような新しい栽培法が一つの光明ともなり得る。工場で物を作り出すように、トマトを何万個も作り出せるのである。将来、人類が地球を出て宇宙で生活するためには、このような栽培法がどうしても必要となる。

この巨大なトマトの木は、植物を育てるのには土が必要であるという常識をくつがえし、さらに、生き物はまだまだ私たちの知らない、無限ともいえる可能性を秘めていることを見事に示した。私たちは普通、常識の世界に生きており、その常識は、科学的なものの見方に支えられていることが多い。しかし、この科学の分野で、いままでの常識を根本から見直す、歴史的な転換ともいえそうな大きな変化が起きはじめているのを、私は感じている。

そこで、この章ではまず、現在の私たちの科学的なものの見方や、それを支えている考え方について述べ、それらの考え方や枠組みを乗り超えようとする新しい動きについて考えてみる。

いまの科学を支える合理的な考え方

近代科学は最近、著しい進歩を遂げたが、それを支えたものは、西洋のルネサンスに源流を持つ人間の合理的な考え方であった。その考え方によれば、ものごとの本質が分かるためにはまず、ものごとを分けることが必要だということになる。分けると分かるは同じ漢字が使われているが、これも「分ける」ことが「分かる」ことに直結すると考えられたからであろう。

ものごとを分けて考えるので、人間と自然は相対立する存在としてとらえられる。人間は、自分たちが住みやすいように自然をつくりかえ、制御し、支配していくものだと考えられた。ヨーロッパへ行ったことのある人は気づかれただろうが、ヨーロッパの社会は、実はかなり厳しい自然状況の中にある。高緯度地方に大部分が属し、太陽光はきわめて弱い。こうした風土にあって西洋の人々が、自然とは人間に対立するものだと考えても無理はなかった。厳しい砂漠の風土に生まれたキリスト教がヨーロッパ社会に広まり、そこに住む人々のものの見方に大きな影響を与えたのも、私はヨーロッパの風土をぬきにしては考えられないと思うのである。

キリスト教的な世界観では、自然は神の作品とされ、人間は神の模型とされるから、模型である人間は自然を自分たちに対立するものとして理解することができる。そして、すみかとして与えられた自然をより良く改良し、支配していくことも許される。厳しいヨーロッパの風土に、こうした世界観はよく似合っている。

自然と人間を分けて考えるというような考え方は、その後の西欧社会のものの見方・考え方を特徴づけて、ルネサンスを経て一挙に花開いた。いわゆる近代社会の幕開けであった。それは、個人の尊厳や理性を何よりも重視し、ものごとをあくまで合理的に考えようとする社会であった。科学の世界では、ニュートンらによって古典力学の体系が形づくられた。これはやはり、ものごとを細かく分けていって法則を知ろうという立場である。細かく分けていって、これ以上分けられない物質を突きとめれば、その物質の性質・特性・法則を知って、全体も分かるのだと考えた。このような考え方は、西洋に生まれた近代の科学を支える最も大きな武器となった。

〝神〟を忘れた科学者

私の専門分野、すなわち、生物のいろいろな現象を科学的に見ようという生物化（科）学の分野に例をとって説明してみよう。

おそらく、いまから百～百五十年ぐらい前の人々は、生物というものは大変不思議で、神が造り、神のおかげで生きていると、ごく素朴に考えていたのではないかと思う。ほとんどの西洋の科学者も例外ではなかった。ところが、その時代でも生物に興味を持つ科学者は「生物は、生きていないものとは明らかに違っている。それを科学的に証明できないものか」と考えていた。石ころみたいなものと生物は、何か基本的に違うはずだ、その違いを理解したいと考えたのである。

生物学者たちはまず、生き物の中に何か不思議なものがあるはずだと考え、それを探し出そうとした。その手段として、分析することを始めた。以来、現在に至るまで、生体を細かく分け、その中から不思議なものを取り出し、正体を明らかにするという方法をずっと採ってきた。その結果、たとえば酵素というものにぶつかった。これこそ、生物と生命のないものを分ける大切な物質であると生物学者たちは考えた。酵素というものは、身体の中での化学反応をかなり自由にコントロールしている。酵素のおかげで、酵素がない普通の場合より、反応が一億倍ぐらい早く進む。一億倍で進むということは、不可能を可能にしているように見える。その他、第三章で述べたように、酵素はスーパースター的な働きをする。

だから、最初に酵素を見つけた人は、酵素は魔術師ではないか、生命の素《もと》ではないかと考えた。酵素は、酵母という生き物の素という意味である。ところが、酵素をくわしく分析していくと、生命の素ではなくて一つの物質であること、しかもアミノ酸が並んだ複雑な物質であることが分かり、その微細な姿や形まで突きとめられた。酵素はたしかに素晴らしい働きをするが、一つの物質であることに変わりはない。

それで科学者は、このようにして、いままで生き物の中にある〝不思議〟や〝神秘〟と言っていたことを、一つずつ取り除いていけると考えはじめた。遺伝子の問題もそうだった。遺伝子の本体はＤＮＡ（デオキシリボ核酸）と呼ばれる化学物質で、これが親から子へ受け継がれていくのだが、遺伝という最も生物らしい現象まで科学の言葉で理解できるようになった。こうして科学者は、ますます自信を深め、神のことなど忘れてしまうようになった。この科学の発達に分析的な手段が非常に大きな力を発揮したのである。

現在の科学では大腸菌すら作れない

私たちの、高血圧症の発病に深い関わりを持つレニンの研究も、まさにこのような考えや分析手段に忠実に基づいたものであった。もともとこの研究は、人間が高血圧になる原因を探ろうというところから始まった。それには、原因となる物質を身体内で探すことだと考えられた。その結果、レニンという酵素が高血圧の黒幕ではないかと推定された。だから、レニン酵素を純粋な形で取り出す作業に取り組んだのであった。そして、その研究に遺伝子組み換え技術を導入し、レニンを遺伝子ＤＮＡの分子レベルまで分析した。レニンの正体を突きとめるため、私たちはここまで細かく研究対象をしぼったのである。そして、レニンの姿や形を突きとめるところまでできたのである。

実際、このような方法は研究の現場で大きな力を発揮する。何か分からないことがあれば、科学者は普通の場合、まず対象を細かく分けてみる。分けていって法則性を突きとめ、そこでもう一度全体に組み立て直そうとする。しかし、相手が生物の場合、いったん分子のレベルまでバラバラにして分析し、そのものを組み立てるところまではとてもいっていない。細胞一つでできている大腸菌でも、その材料を集めて元の菌にするのは無理である。そもそも、材料である物質をいくら集めても、元の生きた細胞にならない。

ここに、現在の生物化学や分子生物学の大きな限界がある。私どもは、生き物の材料については、酵素や遺伝子のような複雑なものまで、よく理解できるようになったが、生き物にとって最も肝心な「生きているとはどういうことか」という原理が、まだ自然科学的に何にもといっていいほど明らかになっていない。たとえば、ガンなどの病気の治療法が、これだけ世界中で研究されているのにもかかわらず、簡単に見つからないのは、この病気が、細胞や組織の生きている状態の特殊な変化という面を持っているからである。

生命とは

生命とは何か？　生き物とは何か？　これが生物を科学的に研究している人々の最大の関心事であり、これを知るために日夜、研究に従事している。最近、人類は月に到達できるようになり、宇宙船を火星にまで行かせて実験できるところまでいっている。科学技術の素晴らしい進歩である。地球の外での実験で最も興味があったのは、地球外にも生物はいるのか、ということであった。多くの学者が集まり、一生懸命に議論したのは、生物がいるかいないか、どのようにして判断したらよいのか、ということであった。

たとえば、砂ぼこりのように積もっているけれども、細菌のかたまりかもしれないのである。現在までの結論は、月や火星には地球にいるような生物は見つからなかったということである。本当に興味あるのは、月や火星に地球と違った生物がいるかどうかであるが、そんなものは探しようがない。

そもそも、地球上の生物の定義すら厳密にははっきりしていない。一般に分かりやすくいうと、生物は、子供をつくる機能と、物を食べそれを分解して外へ出す機能を持つ、とされている。しかし、厳密にいうと、これも怪しくなる。生物の定義などは、現在の科学の知識では正確にできないと考えている学者も多い。しかし、子供でも、生きている状態と死んでいる状態の差は、なんとなく知っている。そこで、生物の定義はいったん棚上げにして、生きている状態とは何かについて次に考えてみる。

〝生きている〟とは

生きている状態を物質のレベルで説明できるかと問われると、科学者はお手上げである。そこで、見方を変え、物質のレベルよりもう少し大きな細胞とか臓器のレベルで観察すると、生きている状態の特徴が少し見えてくる。生物は「高度で動的な秩序（生物的）を自発的に発現する能力」を持っていると、ある学者が言っている。* 細胞などは、あたかも一つの生物のように、絶えず物質を取り込んで、必要なものを作り出し、不要になったものは分解して外に出す作業を、一刻の休みもなく続けている。これは実に秩序正しく行われており、自発的に行われているようにさえ見える。まさに生物は「高度で動的な秩序」を、自発的に発現しているのである。

しかし、生物が生命を失えば、ただちにその秩序を形成する能力も失われ、それぞれの要素に分解される。これは、生命のない世界では一般的に観察される現象で、秩序正しいものが秩序のないほうに行くのが自然の流れである。それは生き物の死後、分解される状態を見れば明らかである。たとえば、洗面器に水をためて、その上にインクを落とすと、インクは時とともに秩序のない状態に拡散していく。これを、「自然は〝でたらめ〟を好み、秩序立ったものを嫌う」と言っている人もあるが、この場合の自然は、生命のない自然である。

しかし、生物が生きている間は、これとは全く逆のことが起きている。私たちが食べたものは、いったんその構成成分にまで分解されるが、そのバラバラに分解されたものから、遺伝子の情報に基づいて、酵素が生命活動に最も必要なすべてのタンパク質と酵素を作り出す。そして、この酵素の働きで脂肪や糖なども作り出されて、このものはタンパク質と一緒になって身体を形づくっていく。その他、このタンパク質や酵素は、第三章に述べたように見事な働きをするが、その働きの秘密は、姿や形が高度に秩序立ったものであることに基づいている。〝でたらめ〟とは全く無縁である。

＊清水博『生命を捉えなおす』（中公新書）参照。

死の情報まで書き込まれている？

生きている状態から生きていない状態になることを、普通「死」と呼んでいる。生きている状態については、前の項で紹介したように、少しずつ生命科学の分野では解明が試みられている。それは同時に、人間はなぜ死ぬか、生物学的に見て死ぬとはどういうことか、についての解明にもつながっていく。

現にいま、遺伝子のレベルで死の問題が論じられはじめている。生き物には、人間を含め、死がプログラムされている可能性がある、といわれだした。*つまり、あらかじめ遺伝子DNAに、死のプログラムが書き込まれているかもしれないということである。たとえば、身体を構成する成分を分解するある酵素は、死ぬと同時に活発に働きだし、死んだ身体を元の〝材料〟に戻していく。この働き方などは、遺伝子に最初から書き込まれていたと考えないとよく理解できないくらい絶妙なのである。つまり、この酵素の働きのスイッチは、死を迎えたと同時にオンに入るのだ。遺伝暗号の解読などが可能となった現在、私どもは、こうしたことを実験的に証明しようと研究を始めだしている。

＊石井威望他編『ヒューマンサイエンス』3〈生命現象のダイナミズム〉（中山書店）参照。

生命の基本を支えるもの

遺伝の基本的な謎《なぞ》の一つである、親から子へなぜ情報が伝わるのかの仕組みが科学的に解明され、遺伝子情報も次々と読み解かれるようになった。しかし、酵素も遺伝子も、どれほど高度な働きをするにしても物質であることには変わりはない。

そして、遺伝子DNAの上には生物に必要なあらゆる情報が書き込んであると考えられ、さらにその上には、長い長い進化の歴史まで刻み込まれている。DNAは物質であるが、生命と物質をつなぐものであり、このDNAの発見は二十世紀最大のものとされ、単に自然科学だけでなく、思想界や社会の考え方にまで影響を及ぼした。さらには、遺伝子工学という形でいま、産業界までにぎわしている。

遺伝子とタンパク質や酵素は、相補いながら、生命活動で中心的役割を演じる。遺伝子は、ほとんど無限の可能性の中から一つの可能性を指示し、その指示どおりタンパク質を作っていくが、その命令を読み取って働くのも、また酵素である。この遺伝子とタンパク質は、自然が作り出した素晴らしい芸術品とも呼べる姿をしており、働きの異なる二つが協力して生命活動の基本を支えている。この二つの出会いと働きがなければ、生命は絶対に誕生していない。事実、最も単純な生物らしいものといわれる病原体ウイルスは、遺伝子と、酵素を含むタンパク質だけからできている。

とにかく、生物の中には遺伝子とか酵素とか、無生物には見られないものが存在しており、この二つが外から与えられたエネルギーをたくみに利用して、生物は高度に秩序立った組織や器官を作り上げていく。

求められる「生物」についての新しい見方

この酵素や遺伝子の研究に、生物を細かく分け、解析する方法が大きな力を発揮した。その方法を進めていけば生命の謎は解けると考えた科学者は多い。しかし生物は、一般の科学者が考えたほど簡単なものではないと私は思う。「木を見て森を見ず」などのことわざのとおり、酵素や遺伝子の面からだけでは生命や生物はとらえられない。

私どもの場合も、高血圧の黒幕といわれるレニンという大変興味深い物質に出会い、これこそ高血圧の元凶と一時は考え、その物質の正体を分子レベルではほぼ完全に明らかにした。しかし、いまは最初ほど楽観的ではない。

高血圧の一断面は、たしかにとらえることができたが、高血圧がなぜ起こるのか、あるいは高血圧の全体像については、世界中で何千人の研究者が必死で研究しているにもかかわらず、その全貌が理解できたとはとうてい言いがたい。このことは、生物化学や分子生物学全体にあてはまり、バイオテクノロジーの外でのはなばなしい掛け声とは裏腹に、基礎研究の現場では、一時見られた熱気が失せ、新しい考え方や方法論を待望する声も強い。

そのような状況の中で、近代科学の枠組みを超えようとする注目すべき動きがある。この動きは、いままでの生物化学や分子生物学は物質という部分をあまりにも重大に考えすぎたため、生物にとって重要な全体像を見落としているのではないか、という考え方に基づいている。

さらに、部分の総和されたものは単なる部分の総和ではなく、質的に全く新しいものになることを、ほとんどの科学者たちは忘れているという指摘がなされた。しかしこれは、科学の世界では昔から常識であった。たとえば、水素と酸素が手をつないでできた水は、水素や酸素の性質の和ではなく、それらとは全く違ったものになる。それと同じように、アミノ酸がいくつも数《じゅ》珠《ず》つなぎになってできたタンパク質も、構成するアミノ酸の性質からは全く考えられないような見事な働きをする。さらに、多くのタンパク質が脂肪（質）等と一緒になって形成している細胞は、これはまさに一つの生き物のような働きをして、その構成する要素とは質的に異なった働きをするようになる。そして、細胞が集まってできる組織や臓器、さらにそれらが集まって形成される一個体まで、おのおのの段階で全く質的に異なった高度なものを作っていく。

このように、次から次へと新しい段階を経て、より高度に秩序立ったものを作り上げていくのが生物の特徴で、これは前にも述べたように、無生物界で秩序立ったものが無秩序のものへと流れていくのとは全く逆の現象である。したがって、生物界には、無生物界とは違った生命の仕組みや原理が存在するはずである。

残念ながら、この新しい原理については科学的にはほとんど分かっていない。なぜなら、生物の特徴は単にその材料にあるのではなく、それを作ってより高度なものを作り上げていく仕組みにあるのだが、その仕組みについてはほとんど分かってはいないからである。この仕組みを解くカギは、「生物」についての新しい見方にあり、生物の個々の要素のみを考えてもそれだけでは不十分で、個と全体の両方を総合的にとらえる必要がある。しかも、その個と全体の相互作用に目を向けなければならない。

「個」と「全体」の協同――「一手一つ」は創造の原理

一般論では分かりにくいので、清水博・東大教授の考え方に基づいて、具体的に説明してみる。*

たとえば、細胞が集まってより高度な秩序を持つ器官や臓器を形成する場合、細胞は臓器に包み込まれながら、臓器の形成や働きに協同的に振るまっている。しかし、細胞は臓器に隷属《れいぞく》しているのではなく、それ自身個性があり、臓器の中で自主的、選択的に動いている。逆に臓器も、細胞自身の活動のため協同して働いている。このように、細胞（個）は単なる個ではなく、

＊『ヒューマンサイエンス』1〈ミクロコスモスへの挑戦〉（中山書店）参照。

全体に包まれており、臓器（全体）も単なる全体ではなく、個の中にも生きるというように、個と全体の二つが一つになり、一手一つに協同的に生きるというのだ。

たとえば、水分や塩分の調節にとって大切な働きをしている腎臓について考えてみる。成人の場合、一日、百五十リットルもの大量の血液が、大動脈から腎臓へ流れ込み、その血管は、腎臓の中心部に進むにつれて細くなっている。この細い血管の先に、血液を濾過《ろか》する装置があり、不必要なものは尿として出し、必要なものは再び吸収している。これまでの章で述べてきた血圧の調節に深く関わっているレニンも、この腎臓の特殊な細胞に存在している。

このように腎臓は、一つの生き物のような働きをしているが、大小さまざまな血管、濾過装置など、役割を異にする細胞から構成され、これらの細胞の協力で、その形を決め、大切な働きを営んでいる。一方、各細胞は、腎臓の役割に協力しながら、それぞれの細胞では、自分の独自の働きと細胞の維持や修復を、自主的と思えるほど見事に行っている。たとえば、血管の網の目が絶えず修復されるのは、血管の細胞が自主性をもって行動しなければ不可能である。

さらに細胞は、集まって血管を形づくる際、細胞の分裂速度を調節したり、細胞の形を調節したりする。これは、「部分」である細胞が「全体」としての性質も備えていることを意味する。

これらは、細胞や臓器の段階だけでなく、さらに臓器と個人や、個人と個人、さらには個人と社会や地球との関係にもあてはまる。ここには、自然と人間を分けて、対立したものととらえる考え方がない。この考え方は、仏教思想に影響を受けたとはいえ、日本における自然科学の研究と実地の体験から生まれたのは注目される。

これを私流に解釈すれば、人間を含めた万物は、大いなる自然（親神様のからだ）の一部であり、その大いなる自然の秩序や理想の形成に参加し、その大いなる自然に包み込まれ、そのおかげで生かされているということになる。一方、大いなる自然は、人間をはじめ、すべてのものの活動に協力し、守護をしている。この両者の関係は、人間としての自主性（心の自由）があるゆえ一方的なものではなく、共に働き、共に喜びと苦しみを分かちもつ。このような間柄のもとでこそ、真の「陽気ぐらし」が実現されると私は考える。そして、このような考え方は、単なる分析や、ものごとを要素に還元する思想からは生まれない。少なくとも、生物や生命を本当に理解するには、このような新しい考えや方法論の導入が必要なのである。

「たすけ合い」に基づく新しい進化論

また、進化論の分野でも新しい説が生まれてきた。これまでは、生物は自然淘汰《とうた》と突然変異によって進化し、その中から生存競争に勝ちぬいたものが生き残ると考えるダーウィンの説が主流であったが、これに対して、生物は互いにたすけ合いながら進化したとする新しい説*が誕生した。この説は、第二次世界大戦以降の天文学、地球物理学、生物学、生化学などの新発見を総合して、一九六〇年代に成立したが、最初は学会から全然相手にされず、一九六七年に雑誌に掲載されるまで、少なくとも十二回も掲載を拒否されたそうである。

この説によって進化を説明すれば、次のようになる。生命の材料に満ちた原初の海に、何らかの過程によって発生した原初生物が浮かんでいたところから出発する。この原初生物は、大腸菌のように細胞内に核を持たず、しかも細胞一個で生きている単純なものであった。この単純な細胞が、核を持つ一段上の細胞に進化するとき、それまで存在していたいくつかの単純な細胞や、その一部が、一つの新しい細胞の体を形成し、その中で協調的な働きをするようになる。そして、この新しい細胞は、格段すぐれた機能を持つ細胞となる。つまり、複雑な働きをする細胞は、強いものが弱いものをやっつけるというかたちで生まれたのではなく、それぞれ独自の働きをする単純な生命体が、互いにたすけ合って作り出されたのだというのである。

一方、人類の進化についても興味深い学説が登場してきている。人類は、猿人類から原人、現世人類を経ていまに至ったというのが定説だが、ダーウィン進化論によれば、これも自然に淘汰されてこうなったと説明される。し

＊共生的進化論という。『バイオ新時代の人間像』岡本道雄監修（三信図書）参照。

かし、ケニアのトゥルカナ湖のほとりで発見された、いまから百五十万年前の猿人類の遺跡からは、強いものが弱いものを圧迫したり、闘争したりした形跡が全く見られなかったのだという。互いに食べ物を分かち合い、たすけ合って暮らした痕跡《こんせき》しか見つからなかったと、ケニア国立博物館のリチャード・リーキー博士は言っている。つまり、人類は誕生の最初から、相互扶助と分かち合いをその本来の特性としてきたことを推定する、考古学的な一つの証拠が提出されたのである。闘争心とか権力志向の心とかは、その後の長い人類史の過程で形づくられたものといえそうだ。

さらに、目を地球全体に転じると、地球そのものが進化し、生きている一つの大きな生命体ではないかという学説*が出てきた。

こうした新しい考え方は、対立と抗争、分断と個別化を、進歩や進化の原動力とみなす考え方とは大きく異なっている。たすけ合い、譲り合い、分かち合いの「三つの〝合い〟」が、本当の進化の原動力だとする考え方なのである。

最新のコンピュータに、「どんな人が最後に生き残るか」を推測させたところ、「力の強い人、自分のことを優先させて考える人、競争で勝ちぬいていく人」などという予想をものの見事に裏切って、「譲る心を持った人」という結果が出たという話もある。

＊これは、イギリスの生物物理学者、ジム・ラブロックが提唱している理論で、「ガイア仮説」と呼ばれている。ガイアとは、ギリシア神話の地母神の名前である。「ガイア仮説―地球生命体論」は、地球の無生物と生物が、一つの大きな制御系として恒常性を保つものと結論づけた。つまり、地球上の無生物圏（大気圏、海水圏、岩石圏）は、生物圏と相互に自在に交流しながら、一個の地球生命体圏を形づくっていると、ジム・ラブロックは主張しているのである。

この説は、東洋に伝統的な老荘思想などにも接近をはかりながら、いま、大きな影響を各分野の人々に与えている。（『地球生命圏―ガイアの科学』スワミ・プレム・プラブッダ訳〈工作舎〉参照）

人々に考え方の見直しを迫る

これまで述べたように、生物における新しい考え方や学問の潮流は、いずれもまだその研究が始まったばかりである。しかし、すべてこれまでの枠組しかも、この新しい学問の動きは、単に学問の世界にとどまらず、これまでの学問を支えてきた考え方や、人間の生き方を問うという、社会的な動きにまで発展しつつあるのは注目に値する。

物理学の分野、心理学の分野などでも、どんどんと新しい流れが生まれつつある。そして、科学と、科学を支えるものの見方の新しい流れは、いま、大きくうねりながら、人々の考え方の見直しを迫ろうとしている。一部はすでに述べたが、その見直しはまず、科学技術の最先進国・アメリカで始まった。ニューエイジサイエンス（新しい時代の科学）*と一般には呼ばれている、一連の知のうねりがそれである。七〇年代後半に始まったこの動きは、八〇年代に入り、西欧先進諸国、日本にも伝わって、一つの潮流となりつつある。

しかし、これまでの科学や、それにより支えられている近代社会を乗り超えるといっても、近代社会をすべて否定するわけにはいかない。一部には、みを乗り超えて、新しい時代を切り開こうとしている点で共通している。

---

* たとえば、東洋の陰陽思想と西洋物理学の融合(1)を目指したり、宗教学の立場から科学的

世界観への一つのかけ橋をする人も現れた。[2] また、ライアル・ワトソンという生物学者の『生命潮流』（工作舎）という本などは、ダーウィン進化論を超えた視点から生物進化をとらえて、注目を集めた。こうした新しい潮流を、一つの枠組みとして表したものが、一部先に述べた、全体と部分を対立する要素としてとらえる立場を超え、有機的なつながりの間柄としてとらえ直す考え方である。これは、人間と世界（宇宙）の高度な調和を目指す理論で、[3]「ホロン主義の考え方」などと呼ばれている。近代の科学技術を道具としてさまざまな文化を生み出し、高度な文明を享受している社会を、一般に近代社会というが、これまで簡単に紹介したさまざまな学問の潮流は、すべて、この近代社会を乗り超えて新しい時代を切り開こうとしている点で、共通している。

（1）アメリカの理論物理学者、フリッチョフ・カプラが著した『タオ自然学』『ターニング・ポイント』（工作舎）などはその代表。

（2）アメリカの宗教学者、ケン・ウィルバーが書いた『空像としての世界』（青土社）『意識のスペクトル』（春秋社）などは、この動向に大きな影響を与えた。

（3）ホロン主義＝全体を意味する「ホロス」と、要素・部分を意味する「オン」の合成語。作家のアーサー・ケストラーが提唱。この考え方は、いまや生物学（バイオホロニクスと呼ばれる新しい生物学も生まれつつある）などの自然科学の分野から、社会学、経営学などの実践的分野にわたって、市民権を獲得しつつある。

近代化そのものが悪いのだとして、前近代に時代を戻せとまで主張する人々もいるが、それはとうていできない相談であろう。

まず第一に、歴史を逆行させることは不可能であるということ、次に、ひとたび科学技術文明の味を覚えてしまった現代人は、もはやその支えなしに生きていけないということが、その理由である。電灯の光の中で暮らしている人々に、おまえたち、もう電気エネルギーがなくなったから明日からローソクで暮らせ、と言ったらパニックが起きるだろう。近代社会が種々の面で行き詰まってきたからといって、昔の時代、自然と人間が共生関係をゆるやかに保ち得ていた時代に戻ることはできないのである。私たちが考えねばならないのは、そうした一種のロマン的復古主義、懐古趣味におちいることなく、時代のなりゆきを冷静に見つめて、近代社会の良さを次の時代にうまく引き継いでいくことであろう。乗り超えるとはそういう意味なのだと、私は考えている。

西洋と東洋は「二つ一つ」

古来、東洋のものの見方は、人間も自然もゆるやかに調和し、個人の自我意識も全体の中にうまく融《と》け込むといった、包括的・全体論的なものであった。仏教思想の世界観・宇宙観を示すとされるマンダラなどの考え方は、まさにこの東洋的なものの見方の極致であろう。実は、マンダラを例に引かずとも、天理教の信仰者には、「元の理」的な世界観・宇宙観があるわけだし（「元の理」とは、この世と人間の創造と、その守護のさまについて語られた説話）、その再現ともいえる「おつとめ」によって、この目でじかに、最高度の調和の姿を拝することができるわけだから、自信をもって世にその究極のものの見方を提示していけばよいのである。つまり、ニューサイエンスなどの科学の新しいものの見方は、せんじつめれば、別段新しい視点ではないのであり、天理教の教えの中に、実践的な姿として、すべて包み込まれているわけなのである。

とするならば、ものの見方も当然「二つ一つ」（相反する二つのものが一つとなってこの世は成り立っているということ）である。西洋のものの見方が行き詰まったからといって、すべて否定するわけにはいかない。東洋のものの見方が素晴らしいからといって、そればかりに頼るわけにはいかない。私は、西洋と東洋は相対立するものではなく、相補的なもの、つまり「二つ一つ」の関わり合いを持つものだと考えている。西洋的なものの見方は、分析、分析と進んでいき、東洋的なものの見方では、分析的手段では見えない全体をとらえていこうとする。この両方のものの見方が持てたとき、部分も全体も、高度なつながり合いの関係にあることが見えてくるのではなかろうか。

教祖百年祭は時代の転換点

こうした時代に教祖百年祭がつとめられたのも、まさに「合図立て合い」だと思うのである。百年祭は、天理教にとっても大きな意味を持ったが、社会全体にとっても、時代の転換点を指し示す機会となったように私は考えるのだ。

科学技術があまりにも進歩したため、現代人は、何事も合理的に割り切って考えるのは得意になったが、合理を超えるもの、目に見えない力を感じとるのは不得手になってしまった。合理性を追求するのは大変結構なことなのだが、この世は合理的なものと合理を超えるもの、目に見えるものと見えないもので成り立っているのだから、合理だけに目を向けていると半分しか見えていないことになる。合理を超えるとは、非合理的なものでなく、現在の常識や科学の力ではいまだに解明されていないもので、〝超合理〟とでも呼べるものである。

はっきりした形を持った部分ばかりを見ていると、部分と部分のつながり合いや、全体像が見えなくなる。人の心の動きは決して目に見えないが、それが具体的な行動となり、他人の心とさまざまに感応し合って、「つながりの働き」として目に見えてくる。そのつながり合いも、肉眼に見えるわけではない。にもかかわらず、働きの姿としてつながりは実在する。

科学の新しい展開を支えるものの見方が、こうした「つながり」に目を向け、〝超合理〟の世界にも踏み入っていこうとしているのが現代である。西洋と東洋が手をたずさえ、共に新しい文明像を模索していこうという予兆が感じられるのである。新しい科学・人間の科学（ヒューマンサイエンス）[*]などと呼ばれる潮流は、いまだ科学の主流とは成り得ていないが、その考え方の底にこうした発想を持っている点で、今後、ますます大きな影響を社会に与えていくと予想されるのである。この影響は天理教にも及ぶであろう。

しかし、ここで注意しなければならないのは、科学的な説や真理といわれるものを、過大に評価してはいけないということである。科学では、非常に多くの場合、一断面しか見ていないし、あるいは、仮説に基づいた真理でしかない場合もあることを忘れてはならない。

*『ヒューマンサイエンス』全五巻（中山書店）では、この新しい潮流について、総合的な紹介がされている。

遺伝子工学と生命の倫理

交錯する未来への〝夢〟と〝不安〟

さて、科学にまつわる最近の新しい考え方を大まかに俯瞰《ふかん》してきたが、次に、生命科学の分野に話をしぼって、遺伝子工学と生命の倫理について、私なりの見解を述べてみることにしよう。

遺伝子組み換えなどのバイオ技術が進むにつれて、「いまにコピー人間がつくられるのではないか」とか、「バケモノができるのではないか」などというSF的な心配が、人々の間で取りざたされるようになった。遺伝子という、生命の材料をつくり出す源を人間の手で操作するのだから、これは神の摂理に対する反逆であるという人々も多数出てきた。いわゆる生命の倫理が、現実の差し迫った課題となったのである。

一方で、遺伝子工学にはバラ色の夢が込められ、いまやバイオ産業は時代の花形である。食糧危機や、新薬づくり、はたまた遺伝病の治療に、遺伝子組み換え技術などのバイオテクノロジーは大きな力となり得るからである。

細胞融合や組織培養、遺伝子組み換えなどの技術を活用すれば、短期間に育つ優良血統牛を生み出したり、砂漠や寒冷地に強い穀物などの新品種も開発できる可能性がある。現に、そういう優良血統種は次々と生み出されようとしており、医薬でも、大腸菌にヒト・インシュリンやインターフェロンの組み換えDNAを組み込んで、ヒト・インシュリン、インターフェロンを大量生産させるなど、新薬の開発が進んでいる。

そしてまた、産業界が大きな期待を寄せているのは、バイオエレクトロニクス（生物電子工学）という新しい領域の開発である。従来の電子工学が、無機質な工学系の学問によって成り立っていたのに反し、バイオエレクトロニクスは、無機質にはない生物の良さを採り入れていこうという点で画期的なのである。具体的には、シリコン・チップなどの素子に代わって生物の酵素などを機械の中に組み込んでいこうという技術で、人間の脳の機能を再現しようとするバイオコンピュータ（生物類似電算機）の作製などの研究も、急速に進んでいる。このバイオコンピュータは、推理や判断機能を持つばかりでなく、生体特有の自己修復機能を有するため、故障した場合でも人手に頼らず修理してしまうという、素晴らしい特性をもつことが期待されている。

遺伝子の何らかの発現の異常によって引きおこされる病気、つまり遺伝病の治療についても、遺伝子工学は相当有効な働きをなし得るものと考えられる。欠陥のある遺伝子に正常な遺伝子を組み込んでやれば、原理的には遺伝病の治療は可能だからである。

もちろん、まだまだ治療技術はそこまで進歩していない。技術的に可能になっても、その時点で是非が問われるかもしれない。文字どおり、生命の倫理が問われると思う。

遺伝子工学にともなう課題

しかし、考えてみれば、現在の医学はすでに遺伝子工学の技術を使うのと同じような考え方にのっとって、最新の医療技術を治療に生かしている。現代医療の基本的な論理自体がそうなっているのである。たとえば、放っておけば死ぬものを人間の知恵と手段で治すようになったのも、こうした考え方に立ったからである。おかげで、昔は不治の病とされたものが、いまでは治る。普通なら正常な働きのできない人が、医学によって正常に働けるようになった。平均寿命も急速に延びた。これもすべて、開発した技術を医療のうえに全面的に生かしたからである。

これは基本的に、遺伝子工学の技術を治療に生かすことと同じだと私は思っている。遺伝子組み換え技術で遺伝病の治療ができるようになったら、実際に臨床の場で応用に移すだろう。やってはならないという論理はないのである。いまの医療を認める限り、遺伝子治療をしてはならないとは言えないわけなのである。

だから、問題は別のところにある。遺伝子組み換え技術を用いて遺伝病が治ったとしても、その副作用で他の病気が発現する可能性もあるし、病気に影響を与えている心が、それによって立て替わるわけでもない。人間の場合、部品交換をするようなわけにはいかないのである。遺伝子を操作することは、子や孫の代まで重大な影響を及ぼすことでもあるから、その人だけの問題ではない、という事情もあろう。

ここでは遺伝病を例にとったが、遺伝子工学にともなう課題はほかにもいろいろある。大腸菌が作り出したホルモンなどを治療に使うことへの心理的抵抗感、動物や植物を人間の都合のいいように作り変えていくことへの罪悪感。もっといきつけば、人間の遺伝子を自由に組み換えて、優秀な人間の種だけを保存しようという人も出てこないとは限らない。バイオコンピュータというような生物機械が高度に発達していけば、いまに生物か機械か判別がつかないようなものだって生み出される可能性まである。SF的な世界だと、いつまでも等閑視してはいられない。

宗教的な生命の倫理の必要性

そこでやはり、何らかの指針が必要となってくるであろう。現に遺伝子組み換えの実験をする場では、新しく作り出したものが外部にもれないような技術的ガイドラインを厳重に引いて、慎重に作業を進めているし、国の安全基準も段階的ながら設けられている。社会的な合意を無視して実験が進められない仕組みにもなっている。こうした行政的措置は当然だが、それを理念的に支えるのは、やはり生命の倫理であろう。しかも、宗教的な考え方に立った生命の倫理であろうと私は思う。

たとえば、妊娠のごく初期の段階で胎児に遺伝病の発現の兆候が見つけられたようなとき、堕胎していいのか悪いのか。お道の場合、原理・原則は実にはっきりしている。

たいないゑ《へ》やどしこむのも月日なり
む《う》まれだすのも月日せわどり　（おふでさき　六-131）
（註、月日とは親神のこと）

と教えられるように、原則としては、堕胎はいけないとされている。しかし、現実の場面では、この教えだけが適用されるわけではなかろう。経済的な理由や母胎が危ないという場合には、そう簡単に堕《お》ろしてはいけないとは断言できまい。障害をもって生まれてくることがはっきりしてしまった場合もそうである。たとえ奇形児でも必ず産みなさいと諭すのは、なかなかむずかしいのではなかろうか。

結局は、本人自身と周囲の人々の信仰の度合いによるのだろうと考えるほかはない。病気になれば、すぐに医者・薬に頼る信仰者もいれば、親神様にすがり切って不思議なご守護を頂く人もいるのである。信仰の度合いでもこれほどに段階的なもの、現実的なものなのだから、一般社会に至っては個人個人でみなケースが異なるといっても過言ではない。その一つ一つに指針を出すのは、ほとんど不可能に近い。

お道の教えに照らして、こうしたほうがよかろうという指針は提示できても、あくまでそれは原理・原則であって、個々の場合では、より柔軟に対応せざるを得ないだろうというのが私のいまの考えである。

たとえば、離婚が是か非かと問われたとき、私たちはすぐに、教祖のおさしづを思い浮かべる。教祖は、夫婦というものは、前生《ぜんしょう》いんねん（前々の生からの深い関わり）で結ばれたのだから、原則として離婚はいけない、とおっしゃっている。とはいえ、絶対に離婚するな、ともおっしゃっていない。もし、やむを得ない事情で別れるようなことになったら、きょうだいの中のきょうだいとして、つながりは絶やすな、と諭しておられる。

基本は思いやりの心

ここから悟らせていただくと、教祖は、教理の建前をきちんと諭されながらも、現実の局面に対しては大変柔軟な面を見せておられる。個々の場合に対しては、基本となるのは、どうしても人をたすけたいとの思いやりの心なのであって、教理がその人を裁くようになってはまずいと思うのである。

教祖は、人間がこうしようとする多くの場合、「絶対してはならない」とはおっしゃらない。といって、人間が真にたすかっていく道については厳しく真理を諭されていて、全く妥協がない。人間の主体性を全面的に認めながらも、踏みまちがいのないよう基本線を提示してくださり、しかも日々、お守りくだされている。このおおらかさ、包み込むようなあたたかさこそ、まことの親ならではだと思う。

こう考えていけば、生命の倫理に関する本教の姿勢も、おのずから明らかになっていくと思うのである。どんな個別の課題に対しても、全体的な視点についても、お道の教えは指針を社会に向かって提示していくことができる。しかし、それはあくまで基本線であって、それをもって裁いたり、中止させたりするものではあるまい。

むしろ問題は、人間の知恵や力だけに頼って何事も解決していこうとする、人間中心主義にある。人の理性を重んじ、人の理性だけで世の中を動かしていこうとする風潮の中に、まことの親である親神様にもたれ、天の理を常に見すえて生きることの重大さを説いていくことこそ、生命の倫理を提示していく前段階として取り組むべき課題であろう。

科学技術の進歩は人間の生と死の意味を問いかける

そうした生き方・暮らし方が身についていけば、エネルギーの莫大な浪費などにも、どこかで歯止めがかかるはずである。いまのような生活、石油を湯水のごとくに浪費する生活が今後も続いていく限り、資源は当然枯渇《こかつ》する。そのときを見越して、原子力エネルギーなどの代替エネルギーが科学技術の力で開発されていっている。原始生活に戻るわけにもいかないのだから、これはこれで大きな意味があると思う。原子力の平和利用については反対運動も盛んだが、反対を唱える一方で、車に乗り、冷房をいっぱいに効かせた部屋に居たり、飛行機に乗ったりして、エネルギーを大量に使っているのでは、どこかおかしい。全体的にエネルギー浪費の文明を眺めわたして、そういう文明の大転換を考える中で、原子力の問題も論じられてしかるべきではなかろうか。そうでなければ、原子力の平和利用反対の運動も、単なる住民エゴで終わってしまう可能性すらあるだろう。

平均寿命の問題、老後の生きがいに関する問題についても同じだと私は思う。近代医療の急速な進歩に支えられて、日本人の平均寿命は男女共に世界一になった。これはこれとして、大いに慶賀すべきことである。長生きしたいという誰《だれ》しもの欲求が、平等にかなえられつつあるからだ。豊かで、平等で、長生きできるような世の中は、歴史上、いまだかつてなかったのだから、現代日本社会は、国民生活のうえで画期的な時代なのだともいえる。

しかし、ここでもやはり、その中身が問われてくるのではなかろうか。極端かもしれないが、要するに、ただただ長生きするだけで幸福なのかという問題である。再度繰り返して述べるが、誰だって短命で終わるより長命でありたい。私が言いたいのは、その長命の質、長生きの内容についてなのである。近代医療のおかげで、人はいま、そう簡単には死ななくなった。死が、身の周りから遠ざけられている。寝たきりのまま生を永らえる老人は、全国に約四十万人もいるという。

また、二二五ページの「死の情報まで書き込まれている？」の項でもふれたが、生命科学の現場では遺伝子のレベルで「死とは何か」について、研究が熱心にされ始めている。遺伝子ＤＮＡに、死ぬための情報まであらかじめ書き込んであるとするならば、生と死は科学的に見ても不連続ではなくなる。そうだとすれば、死ぬことについての考え方も大きく変えていってしかるべきだろう。いままで人間は、一刻でも死を先に延ばそうと必死の努力をしてきたが、いまや日本では、その努力も限界近くにきているといっても過言ではない。

誤解をおそれず言えば、これからの人間は、〝いかにみごとに死ぬか〟を真剣に考えるべきではなかろうか。

どういう生き方をして長生きしたら、そして見事な死を迎えたら、本当に人生の喜びを満喫できるのか。これはもう、倫理観とか哲学、宗教の問題だ。人と自分が真にしあわせになれる道を教えてくれるのは、信仰以外にないといっても過言ではない。

人間は、大きな自然の中から生まれ、そのおかげで生き、そして大自然の中へ帰っていく。大自然から一時身体を借りて存在させていただいただけであり、死という、人間にとって最も忌み嫌うものまで「出直し」であると教えられたこの教えが、本当に身につかなければ、真の陽気ぐらしはできないのではないか。

直接関わりはないように見えるが、結局、ハイテクノロジーの進歩は、人々に、〝人生いかに生き、いかに死ぬか〟という究極の意味を問いかけてくるのである。

重要な科学者の心の持ち方

前述したように、ルネサンス以降の近代科学を支えた考え方は徹底した人間中心主義であり、人間の可能性を最大限に認めようとするものであった。それまでの西欧社会はいわゆる中世に属し、神の権威が絶対的に強い時代だった。ルネサンスに至って、その権威に押さえつけられていた人間は解き放たれて、人間が人間の合理性をとことん信じていこうという時代になった。人間こそが最も素晴らしいという発想が前提になって、近代社会は進歩してきたのである。

しかし、こうした人間至上主義は、エゴや欲望を進歩の原動力に組み込んできたため、自然破壊、環境汚染、競争の激化などを生み出し、ついには核兵器の際限ない開発にまで行きついてしまった。動物や植物を人間の力で自由に操ろうとする考えなども、やはり人間至上主義の一つの極端なあらわれであろう。

技術そのものは、文明を支えていくための〝道具〟にすぎず、善悪の価値判断の対象ではない。使う人間がどんな心で、何のために使うかによって、善にも悪にもなる。人間が一番偉いとする考え方、競争によって相手に打ち勝つことをよしとする考え方に立って技術を使うなら、技術はその考え方を忠実に反映して、他の動物、植物、地球環境をそこない、他民族を支配するうえに大きな力を発揮したりするようになる。だからこそ、科学者の心の持ち方、科学の技術を使いこなす人々の精神性が、重要な問題となるのである。

とりわけバイオテクノロジーは、人間の生命の基本に直接ふれてくるので、その進歩と歩調を合わせた精神性の内容充実が、切に望まれるわけである。

「つつしみ」と調和のとれた文明

「最適規模・最適値」——生態系の秩序

バイオテクノロジーは将来、食糧危機の具体的解決策として、表舞台に登場する可能性を秘めている。「科学万博—つくば'85」の政府館にも「一万個の実をつけるトマト」が展示されていたことには、この章の初めにふれたが、こうした新しい試みは今後ますます盛んになっていく。地球上の人口はいま、急激に増え続けているから、いずれ食糧は足りなくなってくる。人口増と食糧増産は、イタチごっこのような関係になっていくのかもしれない。こうした現実に、科学技術の成果をもって具体的に対処していくことは大事である。しかし、それとともに、拡大・増産ばかりを目指す現代文明の総点検が必要となってこよう。

科学の用語の一つに、「最適規模・最適値」という言葉がある。ある環境の中の最適な数や量のことで、自然界は非常にうまくこの最適規模を守っている。たとえば動物などは、置かれた環境の中で数が増えすぎると、逆に減っていく。食べ物が足りなくなったり、ストレスが過度にたまりすぎたりして、集団としての維持が不可能になっていくのである。自然界の生物は、みなそれぞれに最適値を持っている。

先ほどもふれた「一万個の実をつけるトマト」を題材に話を進めよう。このトマトは、一つの根から一万個も実をつけるのだから素晴らしいという話だった。確かに、生物の無限ともいえる可能性を示した点では素晴らしいのだが、ここで見方をガラリと変えてみよう。植物にとって、一つの根から一万個も実をつけるのは本当に良いことなのか。潜在能力を最大限に発現させるため、大地から切り離したのは本当に良いことなのか――。

個別にその植物だけを取り出して考えると、問題は解きほぐせない。大地、植物、光、水、大気という自然界全体の成り立ちを視野におさめて初めて、一つの答えが導き出される。

植物は、大地に根を生やし、成長して実をつける。その樹液や花の蜜、木の実などを食べて生きる虫や小動物がいる。それを食べる動物もいる。死んだ動物は土に戻り、微生物によって分解され、植物の養分となる。こうしたたくみな循環がなされているからこそ、自然界は過不足なく成り立つのであって、どこかの連鎖が断たれると問題が生じる。木を切りすぎると動物もいなくなり、大地は枯渇《こかつ》して砂漠化する。一つの種だけが無際限に繁殖すると（自然界では通常あり得ないが）、全体が危機に瀕《ひん》する。

このように見てくると、普通のトマトが一つの根から一万個も実をつけないのは、土によって本来の成長能力をじゃまされているからなのではなく、生態系全体の中での適正な成長規模を守っているからだとも考えられよう。遺伝子情報としては、一万個を実らせる能力を書き込まれているのだろうが、ぎりぎりまで発現させることは通常ないのである。

第三章でもふれたが、人間の遺伝子情報でも、実際に形質として発現しているのは全情報の五〜一〇パーセントにすぎない。つまり、複雑な生命体ほど「ムダと思われる部分」をたくさん内包して、環境変化にやわらかく対応しているのである。最近では「生命体のゆらぎ」などとも呼ばれるこうしたゆとり、余裕こそが、人間などの大きな特徴になっているのである。

その意味で、複雑な生命体は私たちの想像を超える潜在能力を持っているとみてよい。しかし、生物相互の関わり合い、生物と自然との関わり合いの中で、能力の発現は一定に（適正に）保たれる。つまり、生態系という高いレベルの有機的な秩序が保たれていくために、最適値があるということなのである。

「取り目が定まりた」調和の世界

人間の場合も、おそらくこの例にもれない。古来、人間は自然に働きかけてさまざまのものを作り出し、生活を維持してきたが、科学技術が乏しかったおかげで、さほど大量には財を生み出せずにきた。だから、人口もゆるやかな増加を示すのみで、社会はある一定のラインで定常状態を保っていた。

それが、近代科学技術の進歩によって一挙にくつがえった。生産財は大量に作り出され、医療の進歩もあずかって人口は爆発的に増えはじめた。際限のない拡大再生産によって資源は少なくなり、自然環境もどんどん破壊された。人々はどこまでも物を増やし続け、自然を支配していくのが善であるとまで考えるようになってしまった。これがいわゆる近代社会なのである。

しかし、人間も自然の一員であるから、当然その生存の適正規模があるはずなのだ。底深い知恵で時代と文明を凝視しなければ、その適正規模、最適値は見えてこないかもしれないが、とにかく、増やし続け広げ続けていくのが善であるという直線的な考え方だけは、この文明の転換点に立って見直していくべきであろう。その意味で東洋的な循環の思想、調和の思想は、人間と自然が、このかけがえのない地球上でそれぞれに適正規模を守りながら暮らしていくうえでの、大きな力になると思うのだ。

お道の話を聞かせていただくと、教祖の教えにはこうした適正な規模の調和を示唆されるようなお言葉が数々あるので、いまさらのように驚かされる。たとえば、「陽気ゆさん（遊山）」の世のさまに立て替わったあかつきにはこうなるという指標を、教祖はかなり具体的にお示しになっている。それによると、人間の命は百十五歳を定命《じょうみょう》とし、あとは本人の心しだいに、病まず弱らず死なずに生存できるという。また、夫婦の間には子供が二人、雨は月に六回、夜のうちに降ってあとは晴天、とも教えられる。人間の心が本当に澄みきった理想世界が到来すればこういうご守護が頂けると、親神様は約束してくださったわけである。

こうした数々の具体的な指標を目安に考えていくと、陽気ぐらしの世のさまとは、行き過ぎた大豊作でも大凶作でもない、「ほどよい」ご守護が行きわたった社会、「取り目が定まりた」調和の世界であると悟らせてもいただける。そこから敷衍《ふえん》して考えると、人間の日々のライフ・スタイル（生活の仕方）も、教祖の教えに基づいて設定されていってしかるべきだと思うのである。

「つつしみ」の心

しかも、そうしたライフ・スタイルの原型はすべて、教祖ひながた（規範となる歩み方）によって示されている。物への執着を去れとか、互いにたすけ合って暮らせとかの教えがそれである。そしてまた、教祖は「つつしみなされや」とおっしゃっている。

慎《つつし》みの心が元である。明らかというは慎みの心。

（明治28年5月19日　おさしづ）

私は、この「つつしみ」の心こそ、これからの新しい文明像と個々の人々のライフ・スタイルを考えるうえで、キー・ワード（カギとなる言葉）になると考えるのである。際限なく科学技術を発達させ、生産の拡大をはかっていくだけでは、いつしか行き詰まる。その兆しはすでに世界中に現れている。これ以上やったら、人間の生活は快適になるかもしれないが、陽気ぐらしの世のさまからは遠くなりそうだと分かったら、やはりそこでつつしむべきであろう。「おごる平家は久しからず」で、あらゆる勢力や文明は、おごりの心や態度からほろびている。

先に挙げた「一万個の実をつけるトマト」の例でいうなら、トマトは生態系の中での適正規模を守っているから、潜在能力としては一万個の実をつけることができても、普通は多くても十個ぐらいしか実をつけない。トマトは、生態系の高度で有機的な調和のために、つつしんでいるのだとも考えられよう。もちろん、トマトに限るわけではない。地球上の全生物がこうした意味で互いにたすけ合い、つつしみ合っているのだともいえそうだ。

眼を世界に向ける必要性

私たちはいま、現実にかなり豊かな生活を送っているから、いろいろな面で「つつしむ」のはむずかしいかもしれない。一度手にしてしまった便利さや豊かさを捨てるのは、誰《だれ》にとっても容易ではないからである。そこで一つ、眼の向け方を変えてみることが必要となってくる。つまり、日本や先進諸国だけではなく、飢えに苦しむ人々のいるアフリカとか、ひどい貧乏で苦しむ国々のことを念頭に置いてみるのである。

そうするとまず、心のやさしい人なら、「かわいそうに」「なんとかしてやりたい」と思うだろう。実際、自分たちの豊かな暮らしと比べたとき、アフリカなど発展途上国の人々は「かわいそう」である。だから、かわいそうだと素直に感じる心で、援助物資を贈ったりする行為が考えられ、現にいま、盛んに援助活動が世界中で行われている。

ところで、私たち日本人の食生活はアフリカの飢えと全く関係がないのであろうか。いま、日本の穀物の自給率は三〇パーセントそこそこで、大半を輸入に頼っている。そして、飽食の時代などといわれるように、好きなだけ食べ、多くの残飯を出している。東京の一日の残飯量は、アジアの五十万人の食糧に相当し、日本全体の一年間の残飯量は実に一千万トンにのぼり、その量は日本の一年間の米の生産量や漁獲量に匹敵する。世界に飢えている人々が多いというのに、お金があるからといって食糧を大量に外国から買い、そのかなりの量を動物のエサにしている。エサにもならず、捨てているのもおびただしい。こんなことがいつまでも許されるのだろうか。

現在、日本の食生活は栄養的に見れば世界で最も良いと、欧米からもうらやましがられている。欧米では、明らかに動物性食品のとりすぎで、その害が大きな問題となっている。欧米がいま目標にしている食生活は、まさにいまの日本の食生活で、日本は植物性食品と動物性食品のバランスがとれている。まさに、西欧型と東洋型の調和がとれている。しかし、これ以上西欧型に近づくことは、栄養学的にもひかえなければならない。

さらに、アフリカなど未開といわれる社会の本当の姿を見つめる眼も大事である。先入観ぬきに〝未開社会〟を観察すると、そこには現代社会で暮らす人々が忘れ去ってしまった、こまやかな親子関係や情愛が残されていることに気づく。人間の心を本当の意味で豊かにしてくれる伝統文化も、手つかずのまま残っている。もちろん、自然環境もである。貧しくとも、人間と自然がそれぞれの分をわきまえ、調和している姿がそこにはある。

それを知れば、科学技術文明だけが唯一絶対のものであるという一種の幻想から解き放たれて、「つつしみ」のある進歩を考えるようになると思うのだ。

「学者金持ち」になった日本人

お道でよく言われる言葉に、「学者金持ちあとまわし」（教祖はまず社会の底辺で苦しんでいる人々に救いの手をさしのべられた）とあるが、現在では、日本人全体が「学者金持ち」のようになっている感じもする。学者は知恵や知識に恵まれた人、金持ちはお金に恵まれた人のことをいうから、相対的には、いまの日本人は「学者金持ち」の部類に属する。だからといって、いまの日本人はたすかりにくいのかといえば、私はそういうふうには一概に断定できないと思うのだ。

私なりに悟ると、この言葉には二つの意味が込められていると思う。

まず、学者金持ちは、すでにある程度たすかっているということである。才能や財産はやはり徳分の一つであって、それに恵まれた人は、恵まれていない人々に比べれば、何らかのかたちでたすかっていると思う。だから、救済の順序からすれば、第一番目の救済対象からは外されると思うのである。決して学者金持ちが親神様から遠いという意味ではないと、私は悟っている。学者金持ちは、放っておいても陽気ぐらしに近づきやすい条件は持っている。ただし、何度も言うように、それはかなり物質的な意味での条件である。金持ちはどうしても金に頼り、学者は学問に頼る。それが限度を過ぎれば、心を貧しくしてしまう。

二つ目に、この世にはいつの場合でも「学者金持ち」がいる一方で、圧倒的多数の「谷底ぐらし」の人々がいるということである（教祖は社会の上層にいる人々を「高山《たかやま》」、下層の人々を「谷底」と呼び、みな等しく親神様の子供であると説かれた）。日本が豊かになった一方で、世界に眼を転ずるなら、全地球上の人間のうち三分の二は貧しい生活に甘んじている。アフリカの深刻な飢えの様子などを見れば、「谷底」の意味も実感できることだろう。科学技術文明のおかげで「学者金持ち」になった日本人が、これから本当に考えていかねばならない問題も、そこにある。

科学技術を自分たちの豊かさのためだけに使うのか、それとも「世界の谷底」を見すえて、少しでも「谷底」で暮らす人々のために役立てていくのか――。前者の道を選ぶなら、日本人は文字どおり「あとまわし」にされてしまうかもしれない。文明は高度に発達したが、心は、そして人間そのものは、全然たすかっていない民になってしまう可能性だってあるだろう。はっきり言うならば、金や学問のある人は自分の力などを信じすぎる傾向があるから、神様の大きな働きの前に素直になりにくい。つまり、たすかりにくいといっても過言ではないのである。

そうしたことをきちんとふまえたうえで、私なりの個人的な見解を述べるとすれば、知恵も金もあり、心も澄んでいる境涯が、陽気ぐらしの一つの姿を示すと思う。日本人は、いまや世界でも有数の「金持ち」になったのだから、今度は心を、それにともなった質に高めていくべきだろう。本当の意味でバランスのとれた文明のあり方を目指さないと、近代の科学技術に支えられた文明は、教祖のおっしゃる陽気ぐらしの世のさまと、ますますかけはなれてしまいかねない。

二割つつしみ八割を使う

バイオテクノロジーの技術を用いれば、自然界には存在しないような作物、たとえば甘くて小さいトマト、ポテトとトマトの合いの子「ポマト」など、ずいぶん変わったものを人間は手にできるようになる。バイオ技術によるものではないが、三角のスイカとか四角いリンゴなど、奇妙な果物を作っている人は現にいる。こうなってしまうと、人間のおごりが目に見えて、あまり喜んでばかりはいられない。基本的な生存に関係のない、趣味や嗜好《しこう》のレベルで、生き物の姿・形、遺伝子まで変えてしまおうというのでは、これはどうみても人間の思い上がりである。こういうつつしみのなさは、これからの時代、ぜひとも避けたいものだと思う。

その一方で、現在の日本は、核兵器を作る技術を持っているにもかかわらず決して生産しない。憲法とか国民の強い反核意識が歯止めになっているのだろうが、別の観点から眺めると、これは「つつしみ」ではなかろうか。生産する技術は開発ずみだが、戦争のためにはその技術は使用しないのだからである。

私のいう「つつしみ」とは、こういうことだ。たとえば、十分に持っていても、二割つつしんで八割だけ使うというような態度のことである。一人ひとりの毎日の暮らしでもこうした心づかいが大事だし、また、国と国との関係などを考えるときにも「つつしみ」はキー・ワードになると思うのである。たとえば、いまの国際社会の平和は核兵器の脅威による抑止力で維持されているが、相手を力でおどしつけて、かろうじて平和を保つというのはどんなものであろうか。譲る心とか、つつしみの心で他民族と和していくのでなければ、真の平和は獲得できないと私は思う。

科学技術も陽気ぐらしの一つの条件

バイオテクノロジーを使いこなすうえでも、「つつしみ」の心は重要である。「できる技術を持っているけれども使わない」という厳しい自己規制がなかったら、バイオ技術はおそらく際限なく進歩の道を突き進むことだろう。科学技術というものは、そうした宿命を背負っている。不可能を可能にするために、人間はいつまでも科学技術の開発を進めていくだろう。

開発が進むということは、親神様が人間にそれをお許しになっているからだとも悟れる。親神様の目に照らして、これは人間には許せないというような技術は、どうしても開発できないに違いない。絶対死なない薬とか、完全なる人造人間とか、そんな類《たぐ》いのものは、未来永劫《えいごう》、人間には創造できないと思うのである。

現実に、私たちは科学技術のおかげで、いながらにして外国の様子を知ることができたり、快適な生活を営めるようになるなど、はかり知れない恩恵を受けて毎日を暮らしている。百年前の日本を考えたなら、いまの日本は天国のようなものである。私たちの暮らしは科学技術に支えられているのであって、これなくしては、もはや陽気ぐらしはしにくいのではないかとさえ私は考える。科学技術も親神様がお与えくだされた、陽気ぐらしのための一つの条件なのではなかろうか。

ただ、考えなければならないのは、科学技術に支えられた現代文明と真の陽気ぐらしの文明とは、決してイコールではないという点である。科学技術のおかげで、どんなに暮らしが豊かで便利になったとしても、そのために人間の生き生きとした情感や精神性が失われていったのでは、陽気ぐらしはかえって遠くなる。最近の文化人類学や経済人類学では、科学技術が支えている先進諸国の近代文明は、むしろ奇形的なものであると考える潮流も出てきた。奇形的とは、たまたま科学技術文明が栄えたにすぎないのであって、人間本来の向かうべき道では決してなかった、という意味であろう。つまり、現在、科学技術文明は、人類の文明史全体の中でも見直しが進んでいるということなのである。

人間の親なる神の前でこそ「つつしみ」の心は養われる

たとえば、科学兵器を作るような技術は、良いことにも利用できる。つまり、平和利用である。石油などの化石燃料がなくなるのは確実だから、それに代わる安価なエネルギーを見つけ出さなければならないのだが、核兵器開発の技術は核エネルギーの平和利用に大きく役立つ。バイオテクノロジーも、将来の食糧問題、医療問題の解決のうえに決定的な役割を果たし得る可能性をもっている。

つまり、技術とはお金と同じようなものだと私は思う。神様にお供えしてもよいし、社会に役立つよう献金してもよい。使いようでは遊びにも使える。運命を悪くする使い方もできれば、切り換える使い方もできる。お金の素材（原材料である金属や紙）にはそれほどの価値はないが、使うことによって価値が生まれる。技術そのものも、使わなければ価値はない。核兵器を作るか、平和利用して核エネルギーを作り出すか、その選択しだいで価値の高低が出てくる。

一部に、科学技術のあまりの進歩は悪であるとする考え方があるが、私はそうは思わない。要は、使う人間の心の持ち方一つである。基本的に、真理を探求することは良いことなのであって、分からなかったことが分かるようになるということは、親神様の思いとその働きを科学を通して、科学の文字・言葉で理解することにつながっていくと私は考えている。

「この世は神のからだ」、「人間は神のふところ住まい」と教えられるように、天理教の信仰者は、自然の摂理はみな親神様の働きの姿と考えているから、その働きの法則を科学的な見方・方法手段で解明していこうと努力することは、「親の理」を求める一つの筋道であると私は思うのである。こうした、「親の理」を求めていこうという謙虚でつつしみ深い態度があれば、科学と技術は、人間の心の成人に見合った形で適正に進歩していくものと思う。

こうした謙虚な心や「つつしみ」の心は、人間の理性や単なる感情で生じるのであろうか？　それは大変むずかしい。真の「つつしみ」の心は、人間の本当の親である神様を知り、その前でこそ豊かに養われるものだと思う。世界中のすべての人間は同じ親のもとに兄弟姉妹であることを知り、その親の前で、欲を捨て、互いにたすけ合う行いを積み重ねていけば、知らずしらずのうちに「つつしみ」の心は培われていくだろう。

普通、謙虚とか「つつしみ」というと、一見消極的な態度のように見えるが、決してそうではない。この世や人間の元を知った人は、自然につつしみ深くなる。そして、いかなるときも感謝や喜びに包まれた陽気ぐらしの世界へと進んでいくのが、信仰に根ざした素晴らしい生き方である。

生命創造の意志

問い直される〝自然〟の概念

さて、これまで述べたような「つつしみ」の心は、バイオテクノロジーの最先端現場にいると、いやでも感じざるを得ない。つまり、研究を進めていけばいくほど自然の摂理の偉大さが分かってきて、大いなる親神様の働きの前にひれ伏さざるを得ないということである。

第三章で述べたが、私たちはいま、筑波の研究室で必死になって遺伝暗号を読んでいる。高血圧の原因を作り出すと考えられる酵素レニンの全遺伝子暗号を含め、これまでに千五百ぐらいは読み取った。これだけでも話題になるほどの仕事になったが、人体内の全遺伝子情報が三十億あることを考えれば、千五百という数字は無きに等しいほどの微量である。いまの最先端技術をもってしても千五百読むのに四苦八苦していたのに、すでに三十億という分子の文字が存在しているのだ。一体、この膨大な量の情報は誰《だれ》が考えて、誰が書き込んだのであろうか。科学的に考えると、原初の地球に有機的生命体が生まれ、気の遠くなるような長い年限を経て、遺伝子ＤＮＡも形成されてきたということであろう。つまり、条件が長い年月のうちに次第に整って、自然に生命は出来上がったという説明がなされる。

しかし、ここで〝自然〟という言葉の概念が、もう一度問い直されなければならない。私たちは〝自然〟というと、海や山や川や、森や林を思い浮かべ、それらは自然にこの地球上に出来上がったものと考えがちである。

しかし、よく考えてみよう。特に生命体の場合、その材料となるものは、ＤＮＡという設計図に基づいて、きわめて秩序正しく並べられている。その並び方には意味がある。材料も選び抜かれ、しかもすべての材料の情報が組み込まれている。情報というものは、何もしないで集まるものではない。ラジオの設計図ですら、ただ放っておいて書けるものではないのと同じである。音楽でいえば、ただ単に音符を並べただけでは一つの曲にはならない。そこには、明らかに意志の力が働いている。

飛行機を作る場合を考えてみよう。まず「空を飛ばせたい」という最初の思いがあって、設計図が書ける。その設計図にのっとって材料を集め、実際に作り上げていくのである。飛行機の設計図が何の意志も目的もなく書けてしまうなど、時間をいくら長くかけてもあり得ない。

生命の場合も同じだと私は考えている。こういうように生命を創《つく》り、人間に育て上げようという大きな創造意志のようなものがなかったなら、この地球上に生命は誕生しなかったと考えざるを得ない。最先端科学の現場で、そのことをつくづく思うのである。

生命界に働く特有の原理

ある有名な天文学者が、生命がもし偶然に生まれるとしたら、その確率は一〇〇〇〇〇……と、〇を四万個並べたうち、たった一回だという論文を書いている。〇を四万個並べた数字がどれくらい正確であるかはさておき、この数字がいかに膨大なものであるかは、私たちの想像をはるかに超える。

私たちは、無限に近いものを想像するとき、宇宙を考える。宇宙が誕生してから今日まで、これを秒で数えたら、それこそ無限の数である。しかしそれは、一〇〇〇……と、〇の数がわずか十七で表される。それに比べ、〇が四万個並ぶ数というのは！　これは私たちの感覚ではとうてい理解できない。そのような、確率論からは絶対に考えられないことが起こったのである。これに比べれば、私たちが普通に、不思議とか奇跡とか呼んでいることなど、全く問題ではない。

そこには、いまの科学では想像を絶する、何か大きな力、条件、意志のようなものがあったとしか言い表しようがない。万が一、そのようなことがすべて分かったら（そんなことは人間にはあり得ないと思うが）、生命の誕生も必然だったといえるのだろうか。前にも述べたように、生命のない自然界では、秩序正しいものが秩序のない方向に行くのが自然なのに、生物体の内部では、私たちが普通〝自然〟と言っていることと全く逆の、整然たる秩序の形成が、瞬時の休みなく行われているのである。

つまり、混沌《こんとん》、無秩序、拡散から、一つのまとまりある組織へと移行していき、その有機的つながりを保ち、それぞれの組織が協同的に働くような、秩序ある〝自然〟である。これからは、こうした意味での〝自然〟にも、科学者は目を向けようとしている。この〝自然〟には、生命界に特有の原理が働いている。だからこそ、混沌たるものが有機的な生命組織体へと変化していったのである。

お道の信仰では、おそらくこうした意味での秩序正しい〝自然〟の摂理やその働きを、親神の理の働き（根源的・普遍的な親神の守護）と呼んでいるように私は思うのだ。科学者は、決して親神の働きなどとは言わないが、人間の力を超えた〝自然〟の働きを何かしら感じている人も多いのである。もちろん、〝自然〟の働きもすべて科学の知恵で解明でき、その法則性を科学の言葉で表記できると考えている科学者のほうが圧倒的に多い。だからこそ科学者なのだともいえる。しかし、そうした科学者にだって、いまは大腸菌一つ作れないのである。大腸菌の構造や材料などが分かっても、人間にはそのいのちを作り出すことはできないのである。

このように、全く想像を絶する不思議な働きで生命がこの世に生まれた。

そしてこの生命は、大腸菌か、それ以下の細胞の、一個で生きている簡単なものであったと考えられる。そして、長い進化の歴史を経て、ついに人間が誕生する。人間の細胞は約六十兆といわれ、その一つ一つが全体との調和を保ちながら、一刻の休みもなく働いている。これは見事としか言いようがない。この調和を可能にしている仕組みについては、まだほとんど分かっていない。

生命科学の現場で実感する親神様のご守護

お道の教えに従うなら、人間は、〝十全のご守護〟（親神様の守護は十柱《とはしら》の神名《かみな》――それぞれが独立した神ではなく、守護の一部である――によって説き分けられている。次ページの表参照）の働きによって、日々生かされているということになる。その十全のご守護を科学の言葉で少しずつでも解明していこうとしているのが、私の仕事だと言ってもよい。

生命科学の最先端に立ち合わせてもらっている私には、生命の偉大な働きが実感として分かる。日々、新たな驚きの連続であることもある。私は、か

親神様の十全の守護

（『天理教教典』より）

くにとこたちのみこと　人間身の内の眼うるおい、世界では水の守護の理。

をもたりのみこと　人間身の内のぬくみ、世界では火の守護の理。

くにさづちのみこと　人間身の内の女一《おんないち》の道具、皮つなぎ、世界では万《よろず》つなぎの守護の理。

月よみのみこと　人間身の内の男一《おとこいち》の道具、骨つっぱり、世界では万つっぱりの守護の理。

くもよみのみこと　人間身の内の飲み食い出入り、世界では水気《すいき》上げ下げの守護の理。

かしこねのみこと　人間身の内の息吹き分け、世界では風の守護の理。

たいしよく天のみこと　出産の時、親と子の胎縁を切り、出直《でなおし》の時、息を引きとる世話、世界では切ること一切の守護の理。

をふとのべのみこと　出産の時、親の胎内から子を引き出す世話、世界では引き出し一切の守護の理。

いざなぎのみこと　男雛型《ひながた》・種《たね》の理。

いざなみのみこと　女雛型・苗代《なわしろ》の理。

くも偉大な生命をお創りくだされ、瞬時の休みなく生かし続けていてくださる親神様のご守護に対して、おのずと頭が下がるのである。遺伝子の働きや酵素の働き、さらには、それらが集まってできた細胞を通して、私は何を見ているのかといえば、親神様の働きのごく一部を見ているのだと感じている。

何度も繰り返すようだが、生命体というものは放っておいて生まれるものではなく、維持されるものでもない。混沌・無秩序から有機的組織を作り出し、常に定まった秩序の体系を維持していくには、大きなエネルギー（創造し、維持していく力）とプログラム（創造意志に基づく情報）が必要なのである。エネルギーとプログラミングがなかったなら、人間は生まれない。科学と宗教は次元が違うといわれているが、生命の研究を通して親神の働き、親神の理（法則）に接近していくことも可能ではないかと、私は現在考えている。

科学と人間の幸福

科学をどう認識するか

医学もずいぶん進歩して、心と身体の関係についても昔と比較にならないほど研究が進んでいる。つい二、三十年ほど前では、心づかいしだいで病気になったり、病気が治ったりするなどと言うと、うさんくさいまなざしを向けられたものだ。ところが、いまの医学界では、そういうことが起こるのは常識の一つと考えられつつある。おそらく明治・大正のころの医者にそんなことを言ったら、「非科学的なことを言うな」と一蹴《いっしゅう》されてしまったであろう。「病の元は心から」という教えを説いて、それなりに納得して聞いてもらえるようになったのも、医学が進んで心と身体の関係について、いままでにない洞察が加えられるようになったからだと思う。そういう意味では、科学は強力な武器である。

人間は親神様から「知恵の仕込み」「文字の仕込み」（「元の理」で語られる人間生成の説話で、九億九万年は水中の住まい、六千年は知恵の仕込み、三千九百九十九年は文字の仕込みと教えられている）を受けて成人してきたのだから、そのお与えを十二分に生かして科学を進歩させていくことは、基本的に良いことだと思う。ただし、その科学技術をどういうふうに使っていくかが問題となるのである。

科学ばかりを頼りにすると、科学の力で何でもかんでもできると思い込んでしまうようになる。ところが、これまで説明してきたように科学には限界があるし、科学が解明していく自然界や生物の働きの法則自体、親神様の働きの一部でしかないのである。そのことに、これからの人々は謙虚に気づくべきではなかろうか。バイオテクノロジーなどが急速に進歩して、生命の神秘や謎《なぞ》の部分に直接ふれていく時代になった現在、こうした謙虚さ、つつしみの心は、ますます重要になっていくと思うのである。

私のライフ・ワーク

そうしたつつしみ深さ、日々、私たちは大いなる親神様のお働きによって生かされているのだという心を持ち、しかも科学技術のおかげで便利な暮らしができ、ほどほどにお金もあるなら、それも一つの陽気ぐらしの姿であろうと思う。物質的にも恵まれ、才能にも恵まれ、そして心づかいも謙虚で、要するに陽気ぐらしができる心づかいになって、その心どおりに、思うことが思うようになっていく世界が、本当の意味での陽気ぐらしだと私は考えている。それを目指していくのが、天理教を信仰している科学者のつとめであろうとも思う。私は、その仕事に取りかかろうとしている。遺伝子工学だけでなく、最近の新しい技術や考え方をふんだんに取り入れた研究を通じて、私は陽気ぐらしを目指す科学を作り上げていきたいと思う。

こうした思いにしていただいたのが、まさに教祖百年祭であった。百年祭の旬に出会わなかったなら、私はここまでの決意と覚悟を定めなかったかもしれない。私にとって、科学の立場から天理教を眺める姿勢ではなく、教えの上に立って科学を眺めていく姿勢への、大きな転換点となったのである。

いわば、出直しにも匹敵する転換点であったと思う。

人間的な傲慢《ごうまん》さや科学至上主義、人間至上主義でいる限り、いくら物に恵まれても本当のしあわせは得られない。親神様の思いはどこにあるかを知り、そのご守護に素直に感謝し、互い立て合いたすけ合って暮らすこと――これこそバイオ新時代の人間の真の生き方である。つまり、どんなに時代が変わろうと生き方の基本は変わらないのである。

もちろん、科学の進歩によって新しいものの見方が加わっていくことはある。たとえば、遺伝子ＤＮＡによる遺伝子情報の伝わり方が、カビから人間まで、地球上の全生物について同じであることが解明された現在、つながり合い、たすけ合いの考え方は、実感として理解しやすくなった。いのちの元は一つである、つまり、すべての生物の親は一つであるという教えも、納得しやすくなったといえるだろう。

このように、科学の新しい発見は人間のものの見方を大きく変え、教祖の教えを新しい角度から照らし出していく。科学の言葉で、教理に込められた深い意味に近づいていけるように思うのだ。私は、自分のライフ・ワーク（一生の仕事）として、この問題に取り組んでいきたいと願っている。このような仕事は、私がいかに努力しようと簡単にできる仕事ではない。しかし、その一端なりともやり遂げたいと思っている。

信仰に基づいた研究姿勢

これまで、こと私に関する限り、学問・研究を進めていくうえで天理教の教えが非常に有効に働いた。研究の現場に教えを生かすことによって、私は数々の不思議なご守護を見せていただいたのであった。こうした研究姿勢は今後も全く変わらないであろうが、これからは「元の理」などの教理の根幹から、直接学問上のヒントを得ていきたいと思う。遺伝子ＤＮＡが「二つ一つ」で補い合って機能している事実なども、もし私が「元の理」をきちんと読んでいたなら直観的に、そこに親神の理（法則）を感じ取ったかもしれない。

この直観力が、科学の研究現場でもきわめて大事であることは、第三章でも述べた。直観力とはひらめきであり、スパークであるが、私は「ふと浮かぶは神心」というお道の言葉こそ、まさにこれを言い表していると思う。この、浮かぶ理を獲得するには、日々常々、真剣に思い込んでいなければならない。その熱烈な思い込みの中に、親神様の理の働きが入り込んで、ある瞬間、理が浮かぶ。これが一般に直観力と呼ばれているものではないかと思う。人間が大きく飛躍しようとするときには、親神様にお働きいただくほかないのである。飛躍させていただくのである。そのためには、親神様にお働きいただける筋道を作っておかねばならない。それは、教えに基づいた毎日の真面目《まじめ》な生き方、たとえば、いかなるときでも喜びいっぱいに暮らせる生き方などによって、作られていくものであろう。

科学の役割と限界――分野を超えた相互理解の必要性

こうした「信仰に基づいた科学」のあり方について、私は一つの思いがある。

昭和六十年五月九日、「科学万博―つくば'85」の開催を記念して、筑波研究交流センターで国際シンポジウムが開かれた。ＥＣ（ヨーロッパ共同体）諸国が共同で「つくば博」に出展しているのにちなんだ催しで、この日は

「科学万博—つくば'85」ヨーロッパ・スペシャルデーにあたっていた。「科学と人間」と題するこのシンポジウムには、超多忙のスケジュールの中、ヨーロッパから三人のノーベル賞受賞者が参加した。私も日本側代表として、このシンポジウムに出席を許された。

シンポジウムでは三人のノーベル賞学者が、それぞれの専門分野から、主として基礎科学と応用について見解を述べたのだが、私は特に、ベルギーからやって来たクリスチャン・ド・デュープ博士（一九七四年ノーベル医学・生理学賞受賞）の言葉に深く考えさせられた。ド・デュープ博士は、二十世紀後半に入ってから急速に進んだ生命の理解は人類史に永久に記憶される偉大な出来事であったと前置きして、「生命についての知識そのもの」と「その知識がもたらすところの影響」について端的に述べた。そして、「科学はHOW、いかに？　という問いに答えることはできますが、なぜか？　という問い、あるいは何のために？　という問いかけには答えられません。なぜ、何のためにという問いに答えを出してゆくのは、哲学とか宗教とか、芸術とか、他の分野が究明すべきことです。それは、ガリレオのころから、そして現在でも、進化論者と天地創造論者との間で論争が続いている重大な問題でもあるのです」と、「科学と信仰」のキー・ポイントに言及した。

私は、NHK教育テレビでも放映されたこの席上、ド・デュープ博士の問題提起に応えて次のように発言した。

「ド・デュープ博士がおっしゃいましたように、ここ三十年間ぐらいで、生命に関する科学的理解が急速に進みました。

その一つは、遺伝子についての謎が解けたことだと思います。その結果、最も単純な生き物である大腸菌からヒトまで、基本的に全く同じ遺伝暗号を使っていることが分かりました。この基礎研究は、一九七〇年代に、新しい遺伝子工学と呼ばれる技術を生み出しました。

この技術を使うことにより、大腸菌のような細菌が、ヒトのホルモンやタンパク質を作るという、手品のようなことができるようになりました。さらに、この技術を使って、私どもはいま、ごく小さな空間の中に書き込まれたヒト等の遺伝暗号を解読しはじめています。まだ、そのごく一部が解読されたにすぎませんが、全く思いがけないことが、いろいろ分かってきました。

これは、生命科学やバイオテクノロジーの非常に大きな成果であります。

しかし、これらの結果から、生命の謎は科学的に解けたとか、あるいは『新しい生物』を人間がすぐ作れるというのは、私は誤りであろうと思います。

たとえば、最もくわしく分かっており、細胞一個で生きている大腸菌すら、最先端のバイオテクノロジーの技術を使っても作れないのです。私どもは、大腸菌がどのような材料からできているかということは知っており、その材料を大腸菌から取り出して調べたり、その一部を人工的に作ることさえできるわけです。しかし、大腸菌を構成する材料をいくら寄せ集めても、大腸菌という生き物は生まれないのです。そして、最初の大腸菌がどうして生まれたかについては、全く分かっておりません。

だから、細胞が六十兆も集まって、見事な調和のもとに生きているヒトのことになりますと、いまの科学では分からないことが非常に多いというのが、私どもの実感です。

このような実感を大切にし、素晴らしい生き物を生み出した自然の前に謙虚になり、自然と調和して生きていけたらよいと思います。そして、仮に数千年後に、ヒトを含めて生命の誕生の謎が科学的に解けたとしても、その中からは、『人はいかに生きるべきか』とか『人は何のために作られたのか』という問いに対する答えは、ド・デュープ博士がおっしゃったように、自然科学だけからは出てこないと思います。

科学には、その役割と共に限界があります。私どもは、それを率直に認め、そのうえで、科学の現状や、将来もたらされるかもしれない危険性について、分かりやすい言葉で、他の分野の人々に語りかけ、相互理解を進めていく必要があると思います」

このように述べたあとで、私は、科学技術を支えるものの見方についての今後の展望を話した。

親神様の教えに根ざした科学

「科学や技術は、一般の人が考えているほど普遍的なものではないと私は思います。

科学というものは正しいことなのですが、それには条件がついていて、ある条件の下で正しいということで、その条件が変われば、ひっくり返ることもあり得るのです。特に生物については、分からないことがいっぱいあるわけですから、これからどういう真理が出てくるか分かりません。

ある有名な学者の断定した説が、後に間違いであると分かった例はいくつもあります。

いままで日本は、欧米の近代思想や近代科学を学び、それが唯一の真理であるごとくに考えてきましたが、通用しない世界もあると思います。

これからの日本は、これまで欧米から学んできたものを基礎にしながらも、日本や東洋の考え方や風土に根ざした、本当のメイド・イン・ジャパンの科学や技術を作っていければ素晴らしいと考えております。

たとえば、欧米で高く評価されている日本の工業製品を作る秘訣《ひけつ》は、その技術力が基礎となっておりますが、決してそれだけではなく、その社会の構成員の教育水準や考え方、ものの見方など、人間の生き方を含めた総合力だと思います。このような日本の特色を、これから基礎研究にも生かして、〝西洋的なものと東洋的なものが相補う科学〟を目指したいと私は念願しております」（以上、昭和六十年七月十五日、ＮＨＫ教育テレビ、「ＥＴＶ８『科学と人間・ＥＣのノーベル賞受賞者にきく』」番組中の発言より）

私はこのとき、日本、東洋という言葉を使ったが、本当のところは、「天理教の教え、親神の働き」という言葉を使いたかった。しかし、公共放送ではそれはできない相談だった。

「陽気ぐらしのための科学」を目指して

私は、大きな目標すぎると笑われるかもしれないが、親の理の働きを信じ、教理に基づいて研究スタッフの心を揃《そろ》え、人間の本当のしあわせのために役立つ研究を進めていきたいと思う。それができるなら、「なぜ、何を目標に、何のために」という三つの問いに、明快な答えを出し得る科学が成り立つと思うのである。

すなわち、人間が真に陽気ぐらしをするための科学である。私はいま、そうした「陽気ぐらしのための科学」を目指して旅立ちを開始したばかりである。もちろん、その旅は私自身が信仰のうえで、もっともっと成長していくための旅でもある。自分の中にある人間心と、親神様の思いとのあまりにも大きな落差に悩むこともあるだろう。ほこりまみれになることもあるだろう。しかし、そうしたひとすじの求道を通じて私は、信仰者として成長していきたい。科学と信仰の両面で、「根掘るもよう」（ものごとの根本をさぐる努力）をしていきたいと念じている。この努力なしには科学と宗教は共存できない。

そして、この遠大な理想を少しずつでも実現していくためには、私と同じような考え方、ものの見方をしてくれる仲間を、たくさん作り出していかねばならない。自分の研究分野だけに閉じこもらず、いろいろな分野の学者たちと謙虚に話し合い、その成果を世に出していきたいとも思う。こうした話し合いが自分の研究の刺激になり、研究の成果・新発見が他の専門分野の人々を刺激し、徐々につながりは密接になっていくのである。

たとえば、昭和五十九年の秋、筑波大学で日仏国際シンポジウム「科学技術と精神世界」が開かれたが、私もこれには実行委員として参加させていただいた。このシンポジウムの参加者たちは、筑波から親里（天理市の中心部。天理教教会本部を囲む一帯をこう呼んでいる）を訪れ、天理教の人々と「科学と信仰」について話し合った。*

また、私は東京で定期的に開かれていた「ライフサイエンス（生命科学）と人間」について話し合うシンポジウムでも、実行委員を務めさせていただいた。このシンポジウムの結果は、昭和六十年七月、『バイオ新時代の人間像』（三信図書）として刊行された。

この活動は、私の本職である生命科学の研究からは少しはずれるが、今後は積極的に進めていこうと考えている。また、私は教官でもあるのだから、後輩や学生の育成にも精いっぱい取り組みたい。人も育てさせていただき、その成長を見守るのはとても楽しい。私の教え子が現在、三人アメリカに留学中であるが、その活躍している姿に接するとき、わがことのような嬉《うれ》しさを感じる。一般社会では容易ではないことだが、そうした横のつながりを通じて、人間が本当にたすかる道を、多くの人々とともに求めていきたいと思っている。

＊天理教表統領室教養問題事務局発行の『G―TEN』（ぢてんブックレット）第二号、〈座談会：新・有神論としての「元の理」の位置〉参照。

エピローグ——研究者としての私の信条

ビッグ・サイエンス（巨大科学）に必要な「一手一つ」の理念

これからの科学研究の現場は、共同研究やビッグ・サイエンス（巨大科学）といって、数人、ときには何十人もの人たちがチームを作って研究を進めていくことが重要となる。たった一人で誰《だれ》とも交わらず、コツコツ好きな研究を続けていく人もいるのだろうが、時代の流れとしては、共同研究の重要性がますます増していく。そうなると、チーム・ワークが重要な課題となってくる。いろいろな組織・管理の仕方があるだろうが、私は、お道でいう「一手一つ」の教えこそチーム・ワークの理念として最高のものだと、実体験から考えている。私どもの研究がここまで進んだのは、「一手一つ」の和が私たちの研究室に見られたからだと自負している。

「一手一つ」は、単なる協力ではない。それぞれが自分の与えられた役割を自ら進んで積極的に果たしながら、一つの目的に向かって全体の素晴らしい調和を生み出していくのが、本当の「一手一つ」である。前述したように、その姿はまさに、無生物から生物が創造されていく過程と、生命体の中の各器官の働きぶりを彷彿《ほうふつ》とさせる。細胞一つとってもそうだし、細胞がつながり合って器官となり、器官がつながり合って身体となる。その階層をなした「一手一つ」の調和は、本当に素晴らしい。

こういう「一手一つ」の考え方に立てば、組織の中で誰が偉いとか、誰がだめだとかは、意味をなさない言葉となる。全体の長としてまとめる人は、それが役割なのであるし、また、全体の中で一つの与えられた仕事を一生懸命果たしていく人は、それが役割である。上下関係ではなくて、役割分担なのだと思う。役割分担が各レベルで階層を作っていくことはあっても、それは決して上下の主従関係ではない。生物の身体をよく観察すれば分かるが、頭が偉くて足の先はだめだなどということはない。身体のどの器官も、かけがえのない役割を果たしているのであり、他と取り替えは利かないものである。頭のほうが偉くて、足の先のほうは偉くないといった考え方は、人間がいろいろな文化を背景にしながら作り上げた論理であろう。

ギブ・アンド・ギブの精神

私は、こうした「一手一つ」の考え方をいつも頭に置いているから、みんなで作り上げた研究成果は、みんなに返していくようにしている。普通の言葉でいえば、ギブ・アンド・テイクということになろうが、私の場合は、できればギブ・アンド・ギブの精神でありたいと思っている。私は、自分の成果は相手にあげるつもりで仕事をしていきたい。

どの社会でも同じだろうが、科学の研究現場でも、誰しもみな、まず「テイク」（取る）を考える。

たとえば共同研究を進めていくときに、その成果は論文に発表される。その際、研究に協力した人の名前が全部、論文に掲載される。そのとき、トップ・ネームという問題が生じる。論文の一番最初に書く名前のことだが、このトップ・ネームをどうするかで、もめることが往々にして起こりがちなのだ。これが学者としての評価に関係するからである。極端な場合、トップ・ネームだけが書かれて、あとは「その他」と一括されてしまうこともある。

私は、トップ・ネームはできるだけ人に譲ることを最初から考えて研究を進めていく。せっかく一緒に仲良く研究をしてきたのに、トップ・ネームでけんかになったのでは本当にばかばかしい。体験のうえからいっても、トップ・ネームを譲ったほうが人間関係や研究はスムーズに進む。しかも、次の研究では自然と私の研究に有利な扱いをしてくれるようになったりする。若い人を育て、売り出していくのも、研究室の長たる者の大切な仕事なのである。このようにして若い人を喜ばせれば、勇み立つ。勇んで、ますます仕事に打ち込むようになる。私の研究室がうまくいっているとするならば、これが秘訣《ひけつ》の一つである。

しかも、若い人たちが喜び勇んで研究をしてくれれば、大きな意味で、その成果はまわりまわって私のものとなって戻ってくる場合が多い。ギブ・アンド・ギブの考え方でやっていれば、結局まわりまわって自分のところに一層大きな「テイク」がやって来るのである。お道では「人をたすけて、わが身たすかる」と教えられるが、私は、本当にそのとおりだと実感している。研究の成果も譲り、他の人に喜んでもらっているうちに、ごく自然に自分の研究がうまくいき、仲間も増えてくる。「一手一つ」の和を保つうえで、このギブ・アンド・ギブの精神は重要だと考えている。

人を育てる心

もう一つ、きわめて現実的だが、お金、つまり研究費の問題がある。研究を進めていく場合、特に実験現場では、研究費の配分が死活問題となる。私は、研究費の申請が許可されずアメリカで途方にくれている夢を、十年以上たったいまでも時々見る。

研究費の配分の責任者が自分の弟子にばかり研究費を配分すると、その人は不公平だということで信用されなくなる。本当に賢い人は、自分の弟子にはあまり研究費を出さない。もちろん、誰が見ても立派な研究をしている場合は自分の弟子にもつける。私情をまじえず公平に配分していると、その人は信用される。やはり「ギブ」が先なのである。「テイク」は神様が下さるものだと考えると、よけいな心配はしなくてすむ。

地方の大学に就職した若い人には、「研究費がないから研究できないと不平を言う前に、自分のボーナスを三年間、すべて研究費につぎ込み、死にものぐるいで研究してみなさい。私の経験からすると芽が出ますよ」とアドバイスしている。それとともに私は、研究室の若い人たちには「お金は必要なら、いくら使ってもいい」と言っている。いい仕事さえしてくれれば、お金は私の責任で何とかするつもりである。まだ成果も見えない研究にお金をたくさんつぎ込むのは勇気のいることかもしれないが、これも「伏せ込み」と考え、私は思い切って出す。借金を恐れていては良い研究はできない。私はいつでも研究に身ゼニを切る覚悟でいる。

こうなると、研究室の若い人たちは発奮せざるを得ない。もちろん個人差もあるし、波もある。研究室全体が常に勇んでいるわけではない。落ち込むときだってある。しかし、中心となる者は常に燃えていなければならない。

人を育てる立場にある者にとって一番大切なことは、若い人をいかにして発奮させるかということだと私は考えている。大学の授業で、私は生命科学の最先端の話をしているわけだが、それは若い人たちに知的な刺激を与えたいからだ。どの道だって、人が育たなければ仕事はできない。人材の育成には、何よりも教え育てる者が燃え、そしてその情熱を若い人に注ぎ込んでいくことである。先頭に立つ者は、どんなときにも誠真実で率先していかねばならないと、自分に言い聞かせている。

教えに支えられた人生

かえりみれば、おぢばで生まれ、おぢばで育てていただいた私は、何か大きな力に導かれながらここまでやって来た。農芸化学の分野を志し、アメリカで酵素レニンと出会い、新生筑波大学で遺伝子工学に取り組み、いま、その技術を駆使してヒトのタンパク質を大腸菌に作り出させる最先端の研究に取り組みはじめた。はたから見ればきわめて順調な歩みで、何の波乱もなかったかのように見えるかもしれない。

しかし、私もいくつかの「ふし」に直面してきた。道一条か学問かの板ばさみに出会った若かりしころ、そして大学紛争、アメリカ・バンダービルト大学での一心不乱の研究……レニンの純化に取り組んだ日々、そして遺伝子工学の導入に踏み切ったあの日——こうしたふしにくじけず、楽天的に次の段階に進めたのは、生来の気性も幸いしたのかもしれないが、やはりお道の教えにいつも支えられていたからだと、いま思う。

二代真柱様の大きな親心で学問の道に進ませていただき、両親の伏せ込みによって大難を小難にしていただいて、ここまで連れ通ってもらったのだと考えている。その恩に報いていくためにも、いっそう頑張らねばと思う。

教祖百年祭の旬の理を受けて

また、教祖百年祭の旬の理も、私の研究に大きな力を与えてくれた。筑波大学創立十周年記念に、世界に問える研究成果を出そうと心定めできたのも、百年祭活動のさなかだったからである。

遠く筑波に離れていても、『天理時報』を通じて旬の理は私のところにまで確実に届いていた。私は、自分の立場で、このまたとない旬に何かやらせてもらおうと心に誓った。お道では「心定めが第一」というが、まさにそのとおりだった。「三年千日」と日時を仕切って、固く心を定めた私どもの研究室は、筑波大学十周年に間に合って世界に問える成果を出すことができた。

教祖百年祭は誰のためなのか。それは誰のためでもない、自分にとって大切なものなのだと、私は実感した。教祖は一体、何のために定命《じょうみょう》を二十五年お縮めになり、現身《うつしみ》をかくされ、世界たすけの扉を開かれたのだったろうか。それは、私たち子供の成人を促されるためであった、とお聞かせいただくのである。しかもなお、教祖はご存命のまま、私たちの成人ぶりを見守ってくださっている。百年祭というのは、この教祖の親心にあらためて目覚めて、ご存命の教祖にいっそうの成人をお誓いする絶好の機会だと私も考えた。旬の理を私も受けたいと、心の底から願ったのであった。

理を受ける器

理を受けるには、受け入れるだけの器がなければならない。ヒトの身体の内部でも同じことである。ホルモンは、身体のあるところで作られて、必要とされる場所へ運ばれていく。しかし、いくら運ばれていっても、そこに受け取るものがなければ何の役にも立たない。その受け取るもののことを、受容器（レセプター）と呼んでいる。ホルモンが人体内で作用するためには、ホルモンとレセプターがきっちりと組み合わされなければならないのである。

　おぢばの理、旬の理も、各人が心定めをして、それを受けようとする受容器がなかったなら、一つの働きの姿としてはご守護いただけない。私はそう考えて、心定めを先にしたのであった。そして、定めた心のうえに、百年祭の旬の理は働いた。教えにすがり、教えを素朴に研究現場に生かし、「一手一つ」に頑張ってきた。もし、私どもの研究の成果が世界に問えるものであるならば、これも旬の理の鮮やかなご守護だと思う。私どもは、教祖百年祭に、私どもの立場で、ささやかかもしれないがお供えさせていただくものを創《つく》り出すことができたのである。

　しかし、私どもの研究はまだまだこれからである。新しい科学技術を使いこなすための、新しい考え方を作り上げていかねばならない。そして、私自身が信仰者として成長していかねばならない。先に述べた「陽気ぐらしを目指す科学」をうちたてていくためには、科学と信仰の両面で、よりいっそうの努力をしていかなければならないのだと肝に銘じている。

お道の教えはどこの世界にも通じる

このことに気づかせていただいたのが、私にとっては何よりのご守護であった。形のうえでのご守護もさることながら、私は、教祖百年祭というのは、自分の心をもう一度定めさせていただくときだと気づいたのである。

お道の教えは最先端科学の現場でも大きな拠《よ》り所となり、また偉大な力を発揮する。私はこのことを、社会のさまざまな分野で働いておられるようぼくの皆さんに声を大にして訴えたい。どんな立場にあって、どんな仕事をしていようと、そこにお道の教えを生かしていくなら必ずうまくいく。素直に教祖のご存命のお働きを信じ、もたれていくならご守護が見えてくる。照る日・曇る日、嬉《うれ》しい日・悲しい日もあるだろう。しかし、心を定め、人間のまことの親のぬくもりを感じながら進んでいくならば、きっと道は開ける。

いま、すでに天理教の信仰をしている人の中には、私を含め、世間的に結構なご守護を頂いている方も多いのではないかと思う。しかし、お道の教えは目前のご利益《りやく》のみを願う拝み祈禱《きとう》の信仰ではないはずである。「陽気ぐらしの社会」というのは、私が、私の一家が、私の研究室だけがしあわせになる道ではないし、また物質的に、世間的に結構な暮らしができることでもない。このことを私は、自分にあらためて言い聞かせたい。

私はこの本で、科学での新しい動きや、科学を通して見た神の働きについて語った。最後に、失礼をかえりみず言わせていただけば、お道の中にも新しい動きが待ち望まれるのではないか？　それは、世間の動きや科学の動向をお道と無縁と思わず、この中にも現実や真実を直視する態度である。お道の教えは単に、いま天理教を信じている人だけのものではない。

これからの時代を背負って立つ若い世代の人々よ、教祖の教えを持ち場立ち場で生かしていこう。この教えが世界のいかなるところでも通じることを確信して、一歩でも前進しよう。

最先端のバイオテクノロジーの現場にいる、信仰者のはしくれの、これが若い人たちへ贈るメッセージである。二十一世紀の、新たな時代へ向かっていく人々への、ささやかなはなむけの言葉である。

あとがき

科学の分野はいま、ますます細分化や専門化が進んでおり、専門家の間でも少し分野が違うと話が通じないことがある。これは、ものごとの全体像を見通すのを困難にしている。

そこで、これからの科学者は自分の研究について、やさしい言葉で、他の分野の人々の前で語らねばならないと思っている。しかし、これはやさしいことではない。私も含めて大学の教師は、そのような訓練を全く受けていないし、またその必要性も感じていない人が多い。

私は本書で、自分のことを含め、私を育ててくださった多くの人々や、私どもの研究について語った。それは、生命科学の現場で見た、全人類の親である親神様の素晴らしい働きと、そのご守護について語ることでもあった。

生きていることは、科学的に見ても全く不思議なことであり、いのちを生み出された大いなる存在の前に、私は自然と頭が下がった。私は、自分がすぐれていると思ったことはない。また、天理教の教祖《おやさま》の教えである、いつでも喜びにあふれた〝陽気ぐらし〟の境地には、ほど遠い日のほうが多い。そのような私でも、目には見えない大きな力のおかげで結構に生かさせていただいていることを、科学研究の場で知らせてもらった。このことを、できれば多くの人に知っていただきたかった。それで本書では、ある場合には恥をしのびながら自分について語った。

しかし、半年前までは、このような本が出来上がるとは想像だにしていなかった。ここにも、教祖百年祭という大きな節目に込められた教祖の思いの一端を感じて、感激している。「百という字の意《こころ》は、白紙に戻り一より始めるを謂《い》う」と、諭達《ゆたつ》第三号で教えられている。この大きな節目を、私の人生の、陽気ぐらしを目指す科学の出発点とする覚悟である。

私は、教育・研究という場で、教えを実践できることを、これまでの経験から学んだ。これからもこの場を通して、親神様の摂理や思いに少しでも近づきたいと思っている。そしてまた、科学と信仰のつなぎ役になりたいと念じている。この二つの思いが、私の心の中にある。

偉大な科学者で、しかも立派な信仰者であられる京都大学時代の心の恩師、平澤興先生から、長文の序文を頂いた。本当にありがたいことである。

末筆になったが、これまでに私を育ててくださった多くの方々、また、この本の出版にあたって、企画、編集、校正などに携わってくださった道友社の方々に、心からお礼申し上げる。

昭和六十一年一月　教祖百年祭の吉き日に

村上和雄

●村上和雄　主な著書

『バイオテクノロジー』（一九八四年、講談社）
『人間　信仰　科学』（一九八六年、天理教道友社）
『生命（いのち）の不思議』（一九八七年、天理教道友社）
『遺伝子工学から蛋白質工学へ』（共著、一九九〇年、東京大学出版会）
『21世紀をめざす信仰』（共著、一九九一年、扶桑社）
『遺伝子からのメッセージ』（一九九六年、日新報道・二〇〇七年、朝日新聞社）
『生命（いのち）の暗号』（一九九七年、サンマーク出版）
『科学は常識破りが面白い』（一九九八年、光文社）
『人生の暗号』（一九九九年、サンマーク出版）
『サムシング・グレート』（一九九九年、サンマーク出版）
『科学者が実感した神様の働き』（共著、一九九九年、天理教道友社）
『「遺伝子とサムシング・グレート」は教える』（共著、一九九九年、日新報道）
『遺伝子は語る』（共著、二〇〇〇年、致知出版社）
『未知からのコンタクト』（共著、二〇〇〇年、黙出版）
『脳＋心＋遺伝子 VS. サムシンググレート』（共著、二〇〇〇年、徳間書店）
『良心の復権』（共著、二〇〇〇年、宗教心理出版）
『シンポジウム　日本人のこころの危機』（共著、二〇〇〇年、紫翠会出版）
『いのちの素晴らしさ』（二〇〇〇年、モラロジー研究所）

『ナイトサイエンス教室①生命の意味』（二〇〇〇年、徳間書店）
『日本「ヒトゲノム計画」のいま』（共著、二〇〇〇年、ビジネス社）
『幸福の暗号』（二〇〇〇年、徳間書店）
『ゲノムビジネスとは何か！』（共著、二〇〇一年、青春出版社）
『生命（いのち）の暗号②』（二〇〇一年、サンマーク出版）
『成功の暗号』（共著、二〇〇一年、桐書房）
『one BOYS BE AMBITIOUS 天職の探求』（共著、二〇〇二年、にじゅうに）
『「いのち」と「人間」の哲学』（共著、二〇〇二年、北樹出版）
『サムシング・グレートは語る』（共著、二〇〇二年、致知出版社）
『生命（いのち）のバカ力』（二〇〇三年、講談社）
『イネゲノムが明かす「日本人のＤＮＡ」』（二〇〇四年、家の光協会）
『遺伝子オンで生きる』（二〇〇四年、サンマーク出版）
『世界は１つの生命からはじまった』（共著、二〇〇四年、きこ書房）
『生きている。それだけで素晴らしい』（共著、二〇〇四年、ＰＨＰ研究所）
『生きるために大切なものの見方考え方』（共著、二〇〇四年、ごま書房）
『笑う！遺伝子』（二〇〇四年、一二三書房）
『家族を看とるとき』（共著、二〇〇五年、春秋社）
『いのちを問う』（共著、二〇〇五年、ミネルヴァ書房）
『そうだ！　絶対うまくいく！』（二〇〇六年、海竜社・二〇一三年、ＰＨＰ研究所）
『ありがとう　おかげさま』（共著、二〇〇六年、海竜社）

『「つつしみ」の法則』（共著、二〇〇六年、万葉舎）
『心の力』（共著、二〇〇六年、致知出版社）
『見えた！　いのちの底力』（二〇〇六年、講談社）
『人間　この神秘なるもの』（共著、二〇〇六年、致知出版社）
『サムシング・グレートの導き』（共著、二〇〇七年、ＰＨＰ研究所）
『陽気ぐらしの遺伝子』（二〇〇七年、天理教道友社）
『運命の暗号』（二〇〇八年、幻冬舎）
『人は何のために「祈る」のか』（共著、二〇〇八年、祥伝社）
『遺伝子が語る「命の物語」』（二〇〇八年、くもん出版）
『アホは神の望み』（二〇〇八年、サンマーク出版）
『生命（いのち）をめぐる対話』（二〇〇八年、サンマーク出版）
『健体康心』（共著、二〇〇九年、致知出版社）
『ＤＮＡとおなかの赤ちゃんと私たち』（二〇〇九年、生命尊重センター）
『スイッチ・オンの生き方』（二〇〇九年、致知出版社）
『脳とサムシンググレート』（共著、二〇〇九年、徳間書店）
『こころと遺伝子』（二〇〇九年、実業之日本社）
『遺伝子が教える「勝つ経営」の法則』（共著、二〇一〇年、コスモ教育出版）
『遺伝子学者と脳科学者の往復書簡』（共著、二〇一〇年、くもん出版）
『愛が遺伝子スイッチＯＮ』（二〇一〇年、海竜社）
『いのちとは何か生きるとは何か』（共著、二〇一〇年、ロングセラーズ）

『コミック版　生命（いのち）の暗号』（共著、二〇一〇年、サンマーク出版）
『運命をひらく小さな習慣』（共著、二〇一〇年、致知出版社）
『遺伝子の不思議　超入門』（共著、二〇一〇年、徳間書店）
『日本通　お国自慢』（共著、二〇一〇年、育鵬社）
『奇跡を呼ぶ100万回の祈り』（二〇一一年、ソフトバンククリエイティブ）
『人を幸せにする「魂と遺伝子」の法則』（二〇一一年、致知出版社）
『二一世紀は日本人の出番』（共著、二〇一一年、学文社）
『幸せの遺伝子』（二〇一一年、育鵬社）
『ＳＷＩＴＣＨ――スイッチ』（二〇一二年、サンマーク出版）
『科学者の責任』（二〇一二年、ＰＨＰ研究所）
『神（サムシング・グレート）と見えない世界』（共著、二〇一三年、祥伝社）
『今こそ日本人の出番だ』（二〇一三年、講談社）
『明日への叡智』（二〇一三年、新学社）
『子どもの遺伝子スイッチ・オン！』（二〇一三年、新学社）
『こころを学ぶ』（共著、二〇一三年、講談社）
『望みはかなう　きっとよくなる』（二〇一三年、海竜社）
『遺伝子と宇宙子』（共著、二〇一四年、致知出版社）
『どうせ生きるなら「バカ」がいい』（共著、二〇一五年、水王舎）
『道徳教育の根拠を問う』（共著、二〇一五年、学文社）

村上和雄（むらかみ・かずお）

1935年12月26日、奈良県天理市生まれ。1963年、京都大学大学院農学研究科農芸化学専攻、博士課程修了。その後、米国オレゴン医科大学研究員、バンダービルト大学医学部助教授を経て、1978年より筑波大学応用生物化学系教授。高血圧の黒幕である酵素「レニン」の遺伝子解読に成功し、世界的に脚光を浴びる。1996年、日本学士院賞受賞。2011年、瑞宝中綬章受章。現在、筑波大学名誉教授、国際科学振興財団バイオ研究所所長。

DB DOYUSHA BUNKO 道友社文庫

人間《にんげん》 信仰《しんこう》 科学《かがく》

2016年 3 月26日　初版第 1 刷発行

著　者　村上和雄

発行所　天理教道友社

〒632-8686　奈良県天理市三島町1番地1

電話　0743(62)5388

振替　00900-7-10367

TENRIKYO DOYUSHA

印刷所　株式会社天理時報社

〒632-0083　奈良県天理市稲葉町80

ISBN978-4-8073-0597-1

定価はカバーに表示